Brigitta Klingel

Vegetarische Grillspezialitäten

Die gesunde Alternative zum herkömmlichen Grillen für das ganze Jahr. Praktische Tips rund ums Grillen und Räuchern

Südwest

Inhalt

Vorwort	**4**
Der erste Mensch war Vegetarier …	4
Essen im Einklang mit der Natur	**6**
Die Wurzeln der vegetarischen Küche	6
Gesund bleiben mit Leib und Seele	8
Vegetarisch grillen von Frühjahr bis Winter	10
Grills zum Kaufen und Selberbauen	**12**
Grillen im Freien	12
Vegetarisch räuchern	16
Grillen im Haus oder in der Wohnung	18
Grills für Raclette-liebhaber	22
Vegetarische Lebensmittel auf dem Grill	**24**
Getreide- und Getreideprodukte	24
Kleine Getreidewarenkunde	25

Der Klassiker unter den Grills ist der Holzkohlengrill.

Gemüse auf dem Grill entfaltet ungeahnte Geschmacksrichtungen.

Ballaststoffe – im Vollkorn enthalten – helfen, einen trägen Darm auf Trab zu bringen.

Inhalt

Vegetarischer Fleischersatz	29
Vielfältiges Gemüse	31
Warenkunde gesundes Gemüse	32
Fette und Öle	39
Milch, Käse und Eier	40
Obst	43

Bratlinge müssen nicht aus Hackfleisch sein: Die Grünkernbratlinge auf Sellerie sind nur eine von vielen Variationsmöglichkeiten.

Eine Raclette setzt Ihrer Fantasie in den Beilagenmöglichkeiten keine Grenzen.

Köstliche vegetarische Grillrezepte 48

Fleisch und doch kein Fleisch	48
Rund um die Raclette	55
Knackig gegrilltes Gemüse	63
Grillspaß mit der tollen Knolle	71
Knusperbrote, Toasts und Getreideprodukte vom Grill	77
Grillspaß für Kinder	83
Ketchup, Mayonnaise und Dips	87
Saucen	90
Desserts vom Grill	92
Über dieses Buch	95
Rezeptregister, Register	96

Pfiffige Rezeptideen sorgen dafür, daß auch Kindern Grillen Vergnügen bereitet.

Vorwort

Beeren, Wurzeln und Samen gehörten zu den vornehmlichsten Nahrungsmitteln der Höhlenbewohner.

Der erste Mensch war Vegetarier…

Die Begriffe »Grillen« und »Fleisch« sind eng miteinander verknüpft. Das hat eine lange Vorgeschichte und stammt noch aus prähistorischer Zeit, als unsere Urahnen das Feuer entdeckt hatten und ihre erlegte Beute mit seiner Hilfe genießbar machten. Trotzdem spielte Fleisch in der Ernährung des Menschen lange Zeit eine untergeordnete Rolle. Seine Nahrung bestand überwiegend aus vegetabilen Lebensmitteln wie Getreide, Gemüse und Früchten. Der Genuß von Fleisch dagegen diente in grauer Vorzeit vor allem rituellen Handlungen.

Massenware Fleisch

Das Fleisch als jederzeit verfügbare Ware, wie es heute besonders in den Industrieländern gehandhabt wird, war von der Natur als solches ursprünglich nicht vorgesehen. Dies ist auch die Ursache, warum der menschliche Organismus dem Überangebot an tierischem Eiweiß, das ihm manchmal fast täglich serviert wird, mit Abwehrmechanismen begegnet. Die Zusammenhänge von übermäßigem Fleischkonsum und Störungen in Form von Krankheiten sind inzwischen allgemein bekannt. Menschen, die sich vorwiegend vegetabil ernähren, haben äußerst selten mit ernährungsbedingten Krankheiten zu tun. Sie besitzen meist ein stärkeres Immunsystem und fühlen sich körperlich wie seelisch gesund und leistungsfähig. Die positive Wirkung pflanzlicher Nahrung auf den Körper ist längst keine Ansichtssache mehr, sondern durch wissenschaftliche Untersuchungen belegbar.

Wer sich überwiegend vegetabil ernährt, lebt auf Dauer gesünder als derjenige, der Fleisch den Vorzug gibt.

Die Natur leidet mit

Unberührt von den dramatischen Folgen unseres erhöhten Fleischkonsums für die Natur bleibt heute mittlerweile wohl kaum jemand. Gruselige Berichte über »Fließbandtierhaltung« und ihre Konsequenzen geistern immer wieder durch die Presse. Ob sie nun an Schweinepest oder an der auf den Menschen übertragbaren BSE (Rinderwahnsinn) erkrankt sind, den Tieren wird in der Massenhaltung unglaubliches Leid zugemutet. Und diese artfremde Aufzucht und Hege schadet nicht nur ihnen, sondern letztlich auch ihrem »Endabnehmer«, dem Menschen, der mit einem Kalbsschnitzel auch schon mal eine Portion Hormone verspeisen muß. Größte Leidtragende der »ökonomischen« Tierhaltung ist jedoch die Natur: Weitläufige Landrodungen für Weiden dezimieren die Artenvielfalt unserer Flora und Fauna. Monokulturen für den Futteranbau von Milliarden der vierbeinigen Fleischlieferanten fördern die rasche Ausbreitung von Pflanzenkrankheiten und Schädlingen. Die Gülle der Tiere verdirbt nach und nach das Grundwasser, und die schwindenden Wälder machen der Klimaveränderung weiter den Weg frei.

Köstliche Alternativen

Weniger Fleisch ist daher mehr Lebensqualität. Wer sich nach und nach auf eine vollwertige vegetabile Ernährung umstellen oder ein paar ganz besondere Rezepte für Grillbeilagen ausprobieren möchte, findet in diesem Ratgeber viele leckere Tips dazu. Denn grillen kann man eben nicht nur Fleisch, Wurst und Fisch, sondern auch die verschiedensten Getreide-, Gemüse- und Brotsorten. Da alle Gerichte hierbei nur kurz der Hitze ausgesetzt sind, bleiben viel mehr Vitamine erhalten als nach einem langen Garprozeß. Zudem erlaubt Grillen eine äußerst fettarme Zubereitungsweise.

Grillen ist eine gesunde, fettarme Garmethode und zudem ein besonderes Eßvergnügen für groß und klein. Zudem verleiht es vielen Speisen eine zusätzliche Geschmacksnote. Und durch die schonende und kurze Garzeit bleiben viele Vitamine und Mineralstoffe erhalten.

Essen im Einklang mit der Natur

In früheren Jahrhunderten war Fleisch für viele Menschen ein zu teures Nahrungsmittel – wie Vincent van Gogh in seinem Bild »Die Kartoffelesser« eindrücklich dokumentierte.

Religiöse und ökonomische Gründe führten in vielen Kulturkreisen automatisch zu einer vegetarischen Ernährungsform, die sich z. B. im asiatischen Raum bis in das 20. Jahrhundert gehalten hat. Deswegen finden sich dort variantenreiche fleischlose Rezeptideen, die sich auch in der europäischen Küche mittlerweile großer Beliebtheit erfreuen.

Die Wurzeln der vegetarischen Küche

Für viele Menschen, die täglich Fleisch und Wurst zu sich nehmen, mag es seltsam klingen, doch in unserer Entwicklungsgeschichte hat die Ernährung mit Pflanzen und Früchten eine viel längere Tradition als die Ernährung mit Fleisch. Im Grunde war Fleisch auf dem Speiseplan einer Familie in früheren Zeiten ein Zeichen von Wohlstand und damit die Ausnahme von der Regel. Nur der Adel und die kirchliche Oberschicht leisteten sich den häufigen Luxus von Frischgeschlachtetem auf dem Tisch. Die Bauern hingegen nutzten ihre Pferde und Ochsen für die Feldarbeit. Die Wolle ihrer Schafe lieferte die Grundlage für ihre Kleidung. Das Töten von Nutztieren war also unwirtschaftlich, und so ernährten sich die Menschen hauptsächlich von den Früchten des Feldes und Waldes.

Buddhismus und Hinduismus

In anderen Ländern, wie denen des asiatischen Raumes, hat die pflanzliche Ernährung überdies eine religiöse Motivation. So lehrt der vor allem in China und Japan verbreitete Buddhismus den Grundsatz des »Ahimsa«. Er besagt, daß kein Lebewesen zum Nutzen eines anderen verletzt werden solle. Dazu gehört auch das wissentliche Töten eines Tieres zum Zwecke der Ernährung. Auch die Anhänger des Hinduismus ernähren sich aus diesem Grunde vegetarisch. In China, Indien oder in Thailand entwickelte sich im Zuge dessen eine besonders reichhaltige und variantenreiche Gemüse- und Getreideküche. Und die Japaner ergänzten die kulinarische Vielfalt der grünen Küche um ausgezeichnete Tofugerichte.

Fleisch als Zeichen von Wohlstand

Hierzulande galt jedoch für lange Zeit: Wer mindestens einmal die Woche ein Stück Rind- oder Schweinefleisch auf dem Tisch hatte, war ein gemachter Mensch – oder zumindest galt er als nicht arm. Das hat sich im Lauf der letzten Jahrzehnte geändert: Fleisch, sei es von Rindern, Schweinen, Puten, Hühnern und auch bestimmten Fischarten, ist erschwinglich. Die Kühltheken in Supermärkten und Einkaufszentren sind gut gefüllt mit Schnäppchen und Sonderangeboten für die heimische Fleischküche. Möglich macht's die Massentierhaltung. Nach Belieben kann man zwei-, drei- oder gar mehrmals wöchentlich ein Steak oder ein Salamibrot verspeisen, ohne sich finanziell zu ruinieren. Doch adelt es einen heutzutage nicht mehr unbedingt …

Die vegetarische Bewegung in Europa

Religion und Weltanschauung spielten eine wichtige Rolle bei der Hinwendung zur vegetarischen Ernährung. In der westlichen Zivilisation begannen sich Anhänger des Vegetarismus vor etwa 150 Jahren in Amerika zu Gruppen zu formieren. Von dort schwappte die Bewegung über den großen Teich nach England. Und auch hier drückte sich deren Lebenshaltung nicht nur in der Ernährung aus, sondern in einer ganzheitlichen Lebensweise und Weltsicht. Das christliche Gebot »Du sollst nicht töten« wurde dabei ganz selbstverständlich auch auf die Tiere übertragen.

Heute ernähren sich mehr und mehr Menschen vegetarisch, ohne dabei einer Bewegung oder religiösen Gruppierung an-

Das Überangebot an Fleisch macht dieses zu einem relativ preiswerten Lebensmittel, was jedoch nicht dazu verführen sollte, es in Mengen zu verzehren.

zugehören. Sie tun damit nicht nur ihrem Körper und ihrer Gesundheit etwas Gutes, sondern sorgen außerdem dafür, daß die Natur und ihre Schätze als unsere Lebensgrundlage erhalten bleiben. Da bewußte Vegetarier sich nach dem Angebot der Jahreszeiten richten, können sie auf künstlich gezogenes Gemüse aus dem Gewächshaus verzichten. So bleibt die Natur in ihrem Rhythmus und der Mensch mit ihr. Die Vegetarier haben damit noch nicht die Welt verbessert, doch zählt jeder noch so kleine Beitrag. Daneben ist ihnen mit Sicherheit eines gelungen: Sie haben der Küche der Welt ein vielfältiges Angebot an köstlichen Gerichten geschenkt.

> Achten Sie bei der Zusammenstellung Ihres täglichen Speiseplans auf das, was Ihr Körper wirklich braucht. Entscheidend ist eine vollwertige Ernährung, die auch ohne Fleisch erreicht werden kann.

Gesund bleiben mit Leib und Seele

Unsere tägliche Nahrung erhält uns nicht nur am Leben. Sie ist auch mit der wichtigste Baustein unserer körperlichen und seelischen Gesundheit. Wer darauf achtet, die seinen Bedürfnissen entsprechende Menge an Lebensmitteln zu sich zu nehmen, und dabei die richtige Zusammensetzung berücksichtigt, sorgt für sein lang anhaltendes Wohlbefinden. Worin besteht nun diese richtige Kombination von Nährstoffen? Eiweiß, Fette und Kohlenhydrate liefern die Nährstoffe, die unserem Körper Energie zuführen. Vitamine und Mineralstoffe sorgen für die reibungslose Funktion unseres Stoffwechsels und Abwehrsystems.

Vollwertige und vegetarische Nahrung

Im Rahmen einer vollwertigen Ernährung aus natürlichen und möglichst frischen Lebensmitteln erhalten wir alle Nährstoffe, die unseren Körper gesund erhalten. Dazu gehören in erster Linie Getreide, Gemüse, Hülsenfrüchte und Obst. Ergänzt wird diese Kost bei der laktovegetabilen Ernährung mit Milch- und Milchprodukten.

Vegetarische Ernährung wirkt sich positiv aus bei	
• Diabetes mellitus	• Herz-Kreislauf-Erkrankungen
• Gestörtem Fettstoffwechsel	• Nahrungsmittelallergien
• Gelenkrheumatismus	• Senkung des Krebsrisikos
• Gicht (erhöhtem Harnsäurespiegel)	• Verdauungsstörungen
• Harnsteinleiden	• Übergewicht
	• Psychischer Belastung

Ovolaktovegetarier verzichten auf Fleisch und Fisch, Lakto-Vegetarier streichen auch Eier von ihrem Speiseplan. Veganer nehmen überhaupt keine Lebensmittel zu sich, die tierischer Herkunft sind, also auch keinen Honig, keine Milch und Milchprodukte.

Wohlgefühl für die Psyche

Geht es dem Körper gut, so findet die Seele auch leicht ins Gleichgewicht. Gerade bei Menschen, die unter Einschlafstörungen oder unter gelegentlichen Schüben von Niedergeschlagenheit oder Depressionen leiden, hat sich die leicht bekömmliche und gut verdauliche vegetabile Kost bewährt. Wer sich beispielsweise abends angewöhnt, vegetarisch zu essen, schläft tiefer, ist am nächsten Morgen entspannt und hat einen besseren Start in den Tag.

Wie gelingt die Umstellung auf vegetabile Kost?

Es ist oftmals, trotz aller Informationen über die unangenehmen Auswirkungen von übermäßigem Fleischkonsum, nicht ganz einfach, jahrelang eingeprägte Eßgewohnheiten umzustellen. Sei es, daß man von klein auf an häufiges Fleischessen gewöhnt ist oder der Partner unglücklich ist, wenn es in

Ernährungsbedingte Krankheiten gehören in die Hände eines erfahrenen Arztes oder eines autorisierten Ernährungsberaters. Sie helfen dabei, eine auf das jeweilige Krankheitsbild zugeschnittene Diät zu erstellen.

der Woche fast ausschließlich vegetarische Gerichte gibt – all das erschwert es, sich von diesen Prägungen zu verabschieden. Wenn Sie nicht schon längst zu den eingeschworenen Vegetariern gehören, dann lassen Sie sich mit dem Umstieg Zeit, und gewöhnen Sie Ihren Körper nach und nach an vegetabile Nahrungsmittel. Vielleicht hilft Ihnen das ein oder andere Rezept aus dem vorliegenden Ratgeber dabei. Denn die Umstellung auf die gesündere, vegetabile Kost ist meist nur dann erfolgreich, wenn sie langsam vonstatten geht und alle unsere Bedürfnisse, einschließlich des guten Geschmacks, befriedigt.

Grillen Sie, wann immer Sie Lust dazu verspüren: im Sommer im Freien auf dem beliebten Holzkohlengrill, im Winter in den eigenen vier Wänden auf dem Elektrogrill.

Vegetarisch grillen von Frühjahr bis Winter

Wer einmal vegetarische Grillköstlichkeiten gekostet hat, wird so schnell nicht mehr davon lassen können. Denn vorbei sind die Zeiten, als Vegetarier noch als anspruchslose Körnerkonsumenten verpönt waren. Vegetarische Kost hat in den letzten Jahren nicht nur Einzug in die teuersten Gourmettempel gehalten, sondern auch viele Privatküchen erobert. Das Grillen vegetarischer Nahrungsmittel bietet dazu eine Vielzahl schmackhafter Zubereitungen, die Sie im Kreise Ihrer Familie oder Ihrer Gäste genießen können. Bei einer vegetarischen Grillparty kommt sogar der ein oder andere »eingefleischte« Nichtvegetarier auf den Geschmack und verzichtet in Zukunft vielleicht leichteren Herzens auf das liebgewonnene anabolikahaltige Schweinekotelett oder den schwermetallhaltigen Steckerlfisch.

Kulinarische Überraschungen

Neben der geschmacklichen Vielfalt der vegetarischen Grillrezepte spielt beim Grillen natürlich auch die romantische

Stimmung am Lagerfeuer oder auch das Selberzubereiten der Leckereien am Tisch eine große Rolle. Gerade für Kinder ist Grillen besonders lustig. Denn jeder kleine Koch kann hier seine eigenen Kreationen zaubern.

Viele werden beim »in der Wohnung grillen« und dem Gedanken an Rauch oder dem Geruch von verbranntem Fett wahrscheinlich erst einmal die Nase rümpfen. Doch sie seien beruhigt: Beim Grillen von Gemüse und Obst, Getreidezubereitungen, Tofu und all den anderen Köstlichkeiten, die das Repertoire der vegetarischen Küche so reichhaltig machen, bleibt die Luft rein. Außerdem bilden sich keine Rauchschwaden durch tropfendes Fett, da das Grillen eine extrem fettarme Zubereitungsweise erlaubt. So sind Ihre Nachbarn auch nach häufigeren Grillfestivitäten noch Freunde – und die eigenen vier Wände bleiben bewohnbar und verwandeln sich nicht binnen Minuten in eine Räucherhöhle. Grillfans müssen also auch während der kälteren Jahreszeit nicht auf ihre vegetarischen Grillfreuden verzichten.

Schnell, kreativ und gesund

Grillen ist die gemütlichste Art, vegetarische Köstlichkeiten zu genießen. Da für ein vegetarisches Grill- oder Racletteessen so gut wie alle Gemüse-, Käse- und Obstsorten verwendet werden können, sind die nötigen Rezeptzutaten meist mit etwas Improvisationstalent und Kreativität schnell zusammengestellt. So müssen nicht immer Stunden für die Vorbereitung für ein Essen mit Freunden aufgewendet werden, und man hat mehr Zeit zum Genießen.

Nicht zuletzt sei bemerkt, daß alle vegetarischen Gerichte während des Grillens deutlich mehr Vitamine behalten als bei einer anderen Zubereitungsweise, wie etwa beim Garen oder Kochen. Vegetarisch grillen macht also nicht nur Spaß und erweitert Ihren kulinarischen Horizont – es ist eine Wohltat für Ihren Körper und damit auch für Ihre gute Laune!

Das große Plus beim vegetarischen Grillen: Es bilden sich keine Rauchschwaden durch tropfendes Fett, da vegetarische Lebensmittel extrem fettarm sind.

Grills zum Kaufen und Selberbauen

Unter den verschiedenen Grillvarianten ist der Holzkohlengrill noch immer am beliebtesten.

Mit dem richtigen technischen Know-how und ein wenig handwerklichem Geschick können Sie schon bald den Grundstein für Ihr erstes vegetarisches Grillfest legen. Wem das Selberbauen eines Naturgrills oder einer Räucher für Tofu allerdings zu mühselig oder zu zeitraubend ist, dem bieten Einkaufscenter, Baumärkte und Elektrogeschäfte eine große Auswahl an Grills, heißen Steinen, Racletteöfen etc. für drinnen und draußen und dem nötigen Zubehör.

Grillen im Freien

Auch wer keinen Garten hat, braucht im Sommer nicht auf das Grillvergnügen zu verzichten. Öffentliche Grillplätze bieten ebenfalls die Möglichkeit dazu.

Wer beim Grillen auf einem der gängigen Standardmodelle die Romantik vermißt und über genügend Platz in einem eigenen Garten verfügt, dem sei entweder ein Lagerfeuer empfohlen oder ein selbstgebauter Naturgrill. Für Stadtbewohner, die nicht über einen Garten oder einen Anteil an etwas Grün verfügen, gibt es öffentliche Grillplätze, oft an Flüssen oder in Parks gelegen. Hier kann man während der ganzen Sommersaison ohne weiteres draußen über großen Steinen und offenem Feuer seine vegetarischen Köstlichkeiten zubereiten. Dieses Grillerlebnis ist sicher die beste Alternative, wenn man möglichst naturnah speisen will.

So bauen Sie einen Naturgrill

1 Schichten Sie große Steine in einer Rundung auf.
2 Lassen Sie in Windrichtung eine Lücke offen, die das Zirkulieren des Feuers gewährleistet. Zu Hause – im Garten – können Sie auch

Ziegelsteine verwenden, deren Schlitze als Luftzufuhr für die Glut dienen.

3 Über die Rundung legen Sie einen Backofen- oder Grillrost. (Bei einem andersartigen Rost können durch das Erhitzen giftige Dämpfe austreten! Verwenden Sie also nur geeignetes Material.)

Für viele vegetarische Gerichte eignet sich auch ein Backblech oder idealerweise ein Naturstein. Diese Auflagen haben den Vorteil, daß das Grillgut nicht verkohlt. Außerdem verkürzen sie die Wartezeit auf das Essen. Denn bei der Verwendung eines Steines oder Kuchenbleches darf die Grilltemperatur ruhig etwas höher sein. Da der selbstgebaute Grill meist nicht sehr hoch ist, befindet sich der Rost ziemlich nah am Feuer. Da heißt es etwas Geduld haben, bis die Glut mit einer dicken Ascheschicht überzogen ist.

Handelsübliche Grills

Sollten Sie nicht zu den Liebhabern von offenem Feuer gehören und sich lieber einen Grill im Handel kaufen, hier einige Tips: Selbstverständlich kann man jedes Modell für vegetarisches Grillen verwenden. Wie groß und aufwendig Ihre Grillausrüstung wird, hängt lediglich davon ab, welchen Stellenwert Sie diesem Vergnügen geben und mit wieviel Personen Sie grillen möchten.

Prüfen Sie beim Kauf eines Grills dringend die Standfestigkeit des Geräts. Diese Vorsichtsmaßnahme ist besonders wichtig, wenn herumtollende Kinder mit von der Grillparty sind.

Die Mehrzahl der im Handel befindlichen Grillgeräte sind mit einem waagerecht aufliegenden Grillrost ausgestattet. Wählen Sie wenn möglich einen Grill mit verstellbarem Rost. So schonen Sie nicht nur Ihren Rücken, weil Sie sich weniger bücken müssen, sondern schützen überdies Ihre hitzeempfindlichen Grilladen vor dem Verkohlen. Das Nonplusultra für ve-

Unser Tip

Kinder geraten beim »endlosen« Warten darauf, daß die Glut endlich heiß genug ist und das Grillen beginnen kann, manchmal ins Quengeln. Bereiten Sie zur Überbrückung der Wartezeit einen lustigen Zeitvertreib (Ballspiel o.ä.) vor, oder servieren Sie eine leichte Vorspeise, die Sie schon daheim vorbereitet haben.

getarisches Grillen ist allerdings ein Grill mit senkrecht stehender Glutbox. Die bei diesen Gerätschaften meist mitgelieferten Drahtkörbe (Broiler) sind äußerst vorteilhaft beim Grillen von Bratlingen und vielen Gemüsesorten.

So grillen Sie richtig

Die zum Grillen notwendige Holzkohle erhalten Sie in Baumärkten und Gartencentern. Eine sehr umweltfreundliche Alternative sind die aus Kokosnußschalen hergestellten »Briketts«. Auch trockenes Hartholz kann verwendet werden, allerdings nur das von Laubbäumen (Buche, Birke und Wacholder).

Verwenden Sie bei vertikalen Grills nur feste Zündhilfen. Flüssige Brennhilfen können in die Auffangschale tropfen und das Grillgut verderben.

Grillanzünder

Im eigenen Interesse und zum Schutz von Kindern und Gästen: Hände weg von Spiritus, Benzin oder Petroleum als Zündhilfe! Ihr Einsatz beim Grillen ist die häufigste Ursache von Unfällen. Außerdem nimmt das Grillgut den Geschmack dieser Brennstoffe an.

Gut beraten sind Sie dagegen mit den TÜV-geprüften Zündhilfen in flüssiger, fester oder in Pastenform. Sie sind ungiftig und brennen genügend lange, um auch die schwerer entzündlichen Briketts zu entflammen. Achten Sie darauf, daß Ihre Brennhilfen ganz abgebrannt sind, bevor Sie die Grilladen auf den Rost legen. Im Haus dürfen Anzündhilfen zum Grillen nicht verwendet werden!

Natürliche Zündhilfen für Ihr Grillvergnügen finden Sie im Wald. Besonders gut zum Anzünden geeignet sind trockene Tannen- oder Kiefernzapfen sowie Reisig und Kienholz.

Grillausstattung

Es ist Ansichtssache und für manche auch eine Prestigefrage, welches Material man zum Grillen benötigt. Grundsätzlich braucht man einen Grill, Feuerung, einen Rost oder langen Spieß und natürlich das Grillgut.

Feuer machen – leicht gemacht

- Schichten Sie das Brennmaterial in Form eines Zeltes auf.
- Darunter stecken Sie die Zündhilfe, die Sie in Brand setzen.
- Um die Glut zu entfachen, verwenden Sie einen Blasebalg, eine Zeitung oder einen Fön zur Luftzufuhr.
- Wenn das glühende Brennmaterial mit einer Aschenschicht bedeckt ist, können Sie das Grillgut auf den Rost legen.
- Erhöhen Sie die Hitze der Glut, indem Sie sie z. B. mit einem Schürhaken zusammenschieben. Soll es weniger heiß sein, ziehen Sie die glühenden Holz- oder Kohlestücke auseinander.
- Legen Sie neue Kohle vom Rand her nach, und warten Sie, bis diese durchgeglüht ist, bevor Sie sie zum Glutherd hinzutun.
- Achten Sie darauf, wenn Sie den Grillplatz verlassen, daß das Feuer voll und ganz verglommen ist.

Beim vegetarischen Grillen benötigt man weniger Brennmaterial als bei der Zubereitung von Fleisch- und Wurstwaren, da viele Gerichte bereits entsprechend vorbereitet sind und anschließend nur kurz aufgebacken werden. Warten Sie aber trotzdem, bis die Holzkohlen oder Grillbriketts durchgeglüht und mit Asche bedeckt sind.

Die wichtigsten Grillrequisiten

- Grillhandschuhe
- Grillzange
- Spieße (Holzspieße 15 Minuten vor der Verwendung in Wasser legen!)
- Öl und Pinsel für den Rost und natürlich die Grilladen
- Alufolie
- Diverse Tücher und Lappen, um sich nicht zu verbrennen
- Eventuell Sand
- Zusätzlich für den Notfall ein Eimer Wasser und vorsorglich ein Erste-Hilfe-Kasten.

Löschen Sie das Grillfeuer, wenn es schneller gehen soll, mit Sand, um Rost am Metallgrill zu vermeiden. Verwenden Sie nur im Notfall Wasser.

Vegetarisch räuchern

Beim Räuchern denkt man eher an Fleisch oder Fisch als an Gemüse. Bis zu den achtziger Jahren war ein Vegetarier, der Räucherwaren genießen wollte, auf Räucherkäse beschränkt. So entstand die Idee zum Bau einer eigenen Räucher für Lebensmittel pflanzlicher Herkunft.

Eine der köstlichsten Speisekreationen ist der geräucherte Tofu – eine willkommene Abwechslung auf dem vegetarischen Speiseplan. Außerdem ist der geräucherte Fleischersatz besonders für diejenigen geeignet, die sich langsam auf vegetarische Ernährung umstellen möchten. Räuchertofu können Sie selbstverständlich auch fertig und abgepackt kaufen. Der selbstgeräucherte und in Öl marinierte Tofu ist jedoch ein ganz unvergleichliches Geschmackserlebnis (Rezept siehe Seite 17, 54). Es lohnt sich, die kleine Mühe auf sich zu nehmen und ihn selbst zu räuchern!

Anleitung zum Bau einer Räucher

Die für eine Räucher notwendigen Bauteile sind äußerst günstig. In manchen Fällen kosten sie Sie gar nichts, weil Sie Einzelteile vielleicht schon im Keller oder auf dem Speicher stehen haben. Ansonsten kann man sie auch problemlos auf dem Flohmarkt besorgen. Meine selbstgebastelte Räucher hat sich jedenfalls bestens bewährt. Sie ist seit vielen Jahren in Betrieb und leistet noch immer gute Dienste.

Vorbereitungen zum Räuchern

1 Dichten Sie alle Öffnungen am Deckel des Einwecktopfs mit Alufolie gut ab. Es darf kein Ritz bleiben, damit der Rauch nicht entweichen kann.

2 Schneiden Sie den Boden der Dose heraus, so daß sie ein Rohr ergibt.

Unser Tip

Ähnlich wie Tofu läßt sich auch Käse räuchern. Dabei sollte der Räucherrost mit Alufolie ausgelegt werden, damit der Käse nicht in das Räuchermehl tropft, wenn er zu laufen beginnt. Vegabraten, vegetarische Würstchen oder Bratlinge sind ebenfalls gut zum Räuchern geeignet.

Tips und Anleitung zum Räuchern

Diese Utensilien brauchen Sie für eine Räucher

- Einen alten oder neuen Einwecktopf
- Ein rundes (Kuchen-) Gitter, das mindestens einen Zentimeter kleiner als der Topfdurchmesser ist. Fragen Sie in einer Großküche danach.
- Eine Blechdose, mindestens zehn Zentimeter niedriger als der Topf
- Eine (u.U. alte) elektrische Kochplatte
- Räuchermehl
- Haushaltspapier, alte Tücher
- Haushaltshandschuhe
- Eine alte Decke

So räuchern Sie Tofu richtig

1 Bringen Sie die Kochplatte ohne Topf zum Glühen.
2 Streuen Sie währenddessen in die Mitte des Topfbodens einige Millimeter hoch Räuchermehl (im Durchmesser größer, als die Kochplatte ist).
3 Plazieren Sie das Dosenrohr in die Topfmitte.
4 Legen Sie den gut abgetrockneten Tofu auf das eventuell mit Alufolie belegte Gitter.
5 Setzen Sie das Gitter auf das Dosenrohr.
6 Schließen Sie fest den Deckel des Topfes.
7 Stellen Sie den zugedeckten Topf auf die glühende Platte.
8 Decken Sie den Topf sorgfältig mit beispielsweise einer alten Kunstleder- oder einer dicken Wolldecke ab. Der Rauch kann so nicht aus den Ritzen entweichen. Achten Sie jedoch darauf, daß die Decke auf keinen Fall mit der Heizplatte in Berührung kommt. Brandgefahr besteht!
9 Schalten Sie nach drei Minuten die Kochplatte ab, und lassen Sie den Topf noch weitere fünf Minuten auf der heißen Platte stehen.
10 Stellen Sie dann den noch immer abgedeckten Räuchertopf zum Abkühlen auf eine Steinplatte. Den Deckel noch nicht öffnen!
11 Nehmen Sie nach fünf Minuten die Decke weg und den Topfdeckel ab.

Räuchern Sie bitte nie in geschlossenen Räumen, sondern nur im Freien. Vermeiden Sie jedoch auch hier das Einatmen des Rauches!

12 Der Tofu müßte jetzt mit einer dünnen Rauchschicht überzogen sein.
13 Wischen Sie das Kondenswasser vom Deckel ab, und reiben Sie diesen gut trocken.
14 Wer einen sehr intensiven Rauchgeschmack mag, kann den Tofu wenden, das verkohlte Räuchermehl entfernen und den Vorgang ein zweites Mal durchführen.
15 Lassen Sie den geräucherten Tofu anschließend in einer Marinade einige Tage lang ziehen.

Räuchern auf dem Grill

Wenn Sie mit Ihrem Grill auch einmal räuchern wollen und sich keine eigene Räucher zulegen möchten, ist ein Kugelgrill empfehlenswert. Halten Sie für den Räuchervorgang im Grill neben der Holzkohle etwas Sägemehl bereit.

1 Verschließen Sie alle Öffnungen des Grills.
2 Streuen Sie jetzt auf die mäßig durchgeglühten Holzkohlen etwas Sägemehl.
3 Legen Sie den Rost mit Räuchergut auf, und verschließen Sie dann die Kugel.

Grillen im Haus oder in der Wohnung

Die Zeiten der ersten elektronischen Grillgeräte, wahren Techno-Monstern, die in der Küche zuviel Platz einnahmen, sind zum Glück vorbei. Heute sind dagegen schon die pfiffigsten Grillmodelle auf dem Markt. Sie eignen sich sowohl für drinnen als auch fürs Freie und benötigen nur wenig Stauraum. Die Hersteller von Grillgeräten haben mit dieser Maßnahme auf das Bedürfnis vieler Hobbyköchinnen und -köche reagiert, die auch zur kühleren Jahreszeit ihrem Grillvergnügen nachgehen wollen.

Unser Tip

Räuchermehl erhalten Sie im Fachhandel für Camping- oder Anglerbedarf.

Grillen kann ein gesellschaftliches Ereignis sein: Zumeist werden dazu Freunde eingeladen, und man genießt zusammen die Zubereitung und Fertigstellung der Mahlzeit. Und mit den neuen Elektrogrills bleibt Grillen nicht mehr nur auf den Sommer beschränkt.

Verschiedene Elektrogrills

Grillvergnügen ist weder an Jahreszeiten gebunden noch abhängig von einem Gerät. Auch ein Lagerfeuer bietet alles, was zur Grillfreude dazugehört. Und an einen Holzstock gesteckt schmecken die Vegawürste nochmal so gut.

Heute gibt es eine große Palette an Elektrogrills, die zugleich zur Raclettezubereitung verwendet werden können. Daneben gibt es die einfacheren Elektrogrills, bei denen das Grillgut auf einem Rost liegt und das austretende Fett in eine Auffangschale tropft. Für den Singlehaushalt empfiehlt sich der universell einsetzbare Kontaktgrill oder ein Toaster mit Grillvorrichtung, der sich auch zum Überbacken eignet. Wenn ein verregnetes Wochenende gerettet werden soll oder Überraschungsgäste kommen, kann ein Tischgrill besonders gute Dienste leisten.

Elektrischer Kontaktgrill

Der elektrische Kontaktgrill funktioniert wie ein Waffeleisen und grillt die vorbereiteten Gerichte gleichzeitig auf beiden Seiten. Obwohl er so klein und deshalb leicht zu verstauen ist, kann man ihn vielseitig einsetzen. Das Grillgut liegt hier auf den mit Rillen ausgestatteten Kontaktflächen, die in den meisten Fällen antihaftbeschichtet sind. Unbeschichtete Platten müssen vor Gebrauch immer mit Speiseöl eingepin-

Die heutigen Grillmodelle verzichten vermehrt auf den Gebrauch von Holzkohle. Dadurch wird die Entstehung von krebsgefährdenden Stoffen vermieden. Einem genußvollen und gesunden Grillvergnügen steht nun nichts mehr im Wege.

selt werden. Einige Geräte sind auch mit Kontaktplatten aus Gußeisen oder Lavastein hergestellt. Manche Kontaktgrills haben außerdem auswechselbare Platten, die sich zum Grillen, aber auch zum Backen von Waffeln eignen.

Tips für den richtigen Einsatz

Wenn man den Kontaktgrill aufklappt, hat man die doppelte Grillfläche zur Verfügung und Platz für mehr Gerichte. Verwendet man den Grill auf diese Weise, muß man das Grillgut allerdings genauso wie bei einem normalen Grill wenden, um es von beiden Seiten gar werden zu lassen.
Wenn Sie den Grill jedoch zusammengeklappt einsetzen, achten Sie bitte darauf, daß das Gemüse oder sonstiges Grillgut die gleiche Höhe hat. Ansonsten bekommen kleinere Grilladen keinen Kontakt zur oberen Grillplatte und bleiben halb roh. Will man das Gerät zum Überbacken von Gerichten verwenden, so arretiert man den Deckel. Auf diese Weise kann die Hitze von oben die Speisen erwärmen, und sie werden gleichzeitig von der unteren Platte geröstet.

Elektrogrill

Eine gute Lösung für all diejenigen, die das ganze Jahr über grillen möchten, ist der Elektrogrill. Er ist nicht nur für das Grillvergnügen in den eigenen vier Wänden einsetzbar, sondern selbstverständlich auch für Balkon und Garten – zumindest so weit das Kabel reicht. Die Vorzüge eines Elektrogrills sind vielfältig: Beim Grillen in geschlossenen Räumen sorgt die mit Wasser gefüllte Auffangschale des Grills durch die beim Verdunsten entstehende Luftfeuchte für ein angenehmes und geruchsfreies Raumklima. Er ist ganz problemlos zu reinigen, da die Auffangschalen meist spülmaschinenfest sind. Der verchromte Grillrost ist ebenfalls gut mit Schwamm und Scheuermittel zu säubern.

Elektrogrills sind einfach praktisch: Sie können sie zu jeder Zeit an (fast) jedem Ort einsetzen. Ob Sie sich nun einen »normalen« Elektrogrill oder einen Kontaktgrill zulegen, bleibt Ihrem Geschmack überlassen.

Praktischer Doppelwenderost

Ein ganz besonderes Plus für den vegetarischen Grillspaß ist der Doppelwenderost. Dieser eignet sich hervorragend für Bratlinge und viele Gemüsesorten. Sollten Sie den Kauf eines neuen Elektrogrills in Erwägung ziehen, so achten Sie darauf, daß ein solcher Doppelwenderost im Zubehör enthalten ist. Für alle diejenigen, die ihren Grill aufrüsten möchten, empfehle ich die Doppelwenderoste der Firma petra electric. Sie sind im Fachhandel auch als Sonderzubehör erhältlich.

Alle modernen gängigen Elektrogrills sind mit einem Überhitzungsschutz ausgestattet. Einige Geräte haben zusätzlich höhenverstellbare Roste zu bieten. Ein regelbares Thermostat ist dagegen meistens nur bei den teuren, exklusiveren Modellen dabei.

Grillen auf dem heißen Stein

Grillfreunde, die von der Stromversorgung unabhängig sein wollen und sowohl drinnen wie auch im Freien grillen möchten, sind mit einem heißen Stein gut beraten. Je nach Größe ist er mit zwei oder vier Brennern ausgestattet. Diese werden mit Brennpaste gefüllt, deren Heizkraft auch ein ausgiebiges Grillfest überdauert.

Damit der Naturstein nicht springt, beachten Sie folgende Tips: Vor Gebrauch sollte der Stein trocken sein. Erhitzen Sie ihn dann langsam und gleichmäßig. Schrecken Sie ihn nach Gebrauch keinesfalls kalt ab, indem Sie den Stein beispielsweise mit einem feuchten, kalten Tuch abwischen. Sollten, aus welchen Gründen auch immer, danach kleine Risse an seiner Oberfläche erscheinen, so ist seine Leistung dadurch keinesfalls beeinträchtigt. Reinigen Sie den Naturstein nur mit klarem Wasser. Spülmittel würden ihn unbrauchbar machen.

Der heiße Stein macht Sie von der Steckdose unabhängig: Die Energie wird aus einer Brennpaste bezogen, die mehrere Stunden reicht.

Den Raclettesteingrill für draußen kann man ebenso leicht selbst herstellen wie den Naturgrill. Ein heißer Stein benötigt wenig Stauraum. Zudem ist sein Anschaffungspreis relativ niedrig. Dagegen summiert sich die etwas teure Brennpaste. Er lohnt sich also nur, wenn man eher selten grillt.

Grills für Racletteliebhaber

Eine original Schweizer Raclette ist während der Grillsaison nicht nur für Käseliebhaber eine schöne Abwechslung. Das Gericht ist auch gut geeignet für eine größere Runde und wenig aufwendig in der Zubereitung.

Der Standardraclettegrill

Es gibt runde oder ovale Elektrogrills mit vier bis acht Raclettepfännchen sowie den unterschiedlichsten Grillplatten. Das Angebot reicht von Naturstein über spülmaschinenfeste, emaillierte Grillschalen oder antihaftbeschichtete Grillpfannen bis zur gußeisernen Grillplatte. Alle lassen sich abnehmen und sind dadurch relativ leicht zu reinigen. Für die Natursteine gilt langsames Erhitzen, kein Abschrecken mit kaltem Wasser und kein Spülmittelzusatz bei der Reinigung – es sei denn, der Hersteller weist darauf hin. Raclettepfännchen sind überwiegend spülmaschinenfest.

So wird's gemacht

- Aus Kalksandsteinen, großen Natursteinen oder Ziegelsteinen wird ein etwa dreißig Zentimeter großes Rechteck aufgebaut.
- Denken Sie dabei an die Luftlöcher zwischen den Steinen. Diese sollten ca. einen Zentimeter betragen.
- Kleiden Sie das Innere der Rundung mit Alufolie aus, und bringen Sie darin Holzkohle zum Glühen.
- Hängen Sie nun den Käse mit der Schnittfläche zur Glut hin zwischen die Steine. Wenn der Käse zu schmelzen beginnt, können Sie mit dem Racletteessen beginnen.
- Wenn Sie den Raclettekäse auf dem Grill schmelzen lassen wollen, so verwenden Sie eine antihaftbeschichtete Pfanne, oder stellen Sie kleine, aus Alufolie geformte »Pfännchen« auf einen Grillrost.

Raclettegrill & Crêpepfanne

Eine oval geformte Grillplatte mit Doppelfunktion: Auf der gerillten Fläche kann man grillen und auf der ausgesparten glatten Fläche Crêpes backen. Geichzeitig kann man in den Raclettepfännchen kleine Gerichte brutzeln. Auch auf der runden Variation der Grillplatte ist die gleichzeitige Zubereitung von Raclette und Crêpes möglich. Gegrillt kann damit nicht werden. Jedoch eignet sich die glatte Fläche auch als Warmhaltplatte für Kartoffeln oder zum Brotrösten.

Der Racletteofen

Ein einmaliges Gerät, um die original Schweizer Raclette auf traditionelle Art zu zelebrieren. Man spannt in sie einen halbierten Käselaib von etwa 2,5 Kilogramm ein und heizt den Ofen entweder mit Holzkohle oder Strom. Durch eine verstellbare Schiene im Ofen läßt sich die Schnittfläche des Käses je nach Bedarf näher oder weiter weg von der Hitzequelle schieben. Beginnt der Käse zu schmelzen, schabt man ihn mit einem Messer ab.

Reinigungstip für emaillierte Grillplatten: Das Backrohr auf 100 °C aufheizen. Eine Backpfanne zwei Zentimeter hoch mit heißem Wasser füllen, einen Eßlöffel Geschirrspülmittel für Spülmaschinen zufügen und darin auflösen. Die Grillplatte mit der Oberseite in das Wasser legen und so lange einweichen, bis sich die Speisereste leicht lösen lassen. Den Vorgang bei Bedarf noch einmal wiederholen.

Die Raclettepfanne

- Diese alternative Zubereitungsmethode der Schweizer Raclette macht keine technische Extraanschaffung nötig.
- Fetten Sie eine beschichtete Pfanne leicht ein, und erwärmen Sie sie auf dem Herd. Nehmen Sie die Pfanne dann von der Platte.
- Legen Sie den Raclettekäse in etwa einen halben Zentimeter dick geschnittenen Scheiben hinein. Stellen Sie die Pfanne noch einmal kurz auf den Herd.
- Ein Rechaud am Tisch reicht dann aus, um den Käse ganz zum Schmelzen zu bringen. Verteilen Sie den Käse mit einem Holzspatel auf die vorgewärmten Teller. Servieren Sie Pellkartoffeln und Mixed Pickles dazu.

Die zahlreichen Getreidesorten, die mittlerweile auch hier in Asienläden erhältlich sind, lassen eine vegetarische Küche nicht langweilig werden.

Im Getreide sind viele Vitamine und Mineralstoffe zu finden. Als besonders vitaminreich gelten ausgekeimte Getreideprodukte wie Weizenkeime. Wer allerdings Probleme mit dem Darm hat, sollte sie meiden.

Vegetarische Lebensmittel auf dem Grill

Getreide- und Getreideprodukte

Zu den wichtigsten Grundnahrungsmitteln für den Menschen gehört das Getreide. Seine Inhaltsstoffe liefern unserem Stoffwechsel Energie, jedoch in anderer Form wie die Fette und Öle. In Getreide sind Kohlenhydrate in Form von Stärke enthalten. Diese werden während des Verdauungsprozesses im Körper zu Glukose abgebaut und »nähren« auf diese Weise die Körperzellen.

Ein anderer wesentlicher Bestandteil von Getreide und Getreideprodukten sind die Ballaststoffe. Das sind unverdauliche Kohlenhydrate, die die Darmperistaltik anregen und dadurch verdauungsfördernd wirken. Wer sich ballaststoffreich ernährt, lebt gesund. Denn Ballaststoffe binden gesundheitsschädigende Substanzen im Darm und schützen so beispielsweise vor bestimmten Krebserkrankungen.

Vitamine und Mineralstoffe

Ein Vollkornbrot zum Frühstück oder ein morgendliches Getreidemüsli ist reich an den Vitaminen B1 (Thiamin) und B6 (Pyridoxin), beide sind unentbehrliche Nervenkraftstoffe. Die ebenfalls enthaltene Folsäure ist wichtig für die Zellneubildung und die Produktion von Endomorphinen, unseren Gute-Laune-Hormonen. Darüber hinaus sorgt der Mineralstoff Phosphor für die Umsetzung der Nährstoffe in Energie. Magnesium, Eisen und Zink sind weitere gesunderhaltende Zugaben im cholesterinfreien und fettarmen Getreide. Die in ihnen enthaltenen Eiweiße (Lektine) greifen die empfindliche Darmschleimhaut an.

Kleine Getreidewarenkunde

Vegetarier geben dem Getreide und seinen vielen köstlichen Produkten als Nahrungsgrundlage den Vorzug vor Fleisch. Wer regelmäßig Vollkornprodukte zu sich nimmt, versorgt seinen Körper optimal mit Nähr- und Ballaststoffen.

Dinkel und Grünkern

Eine widerstandsfähige Getreideart ist der Dinkel, der in früheren Zeiten vor allem der Landbevölkerung als Nahrungsgrundlage diente. Bei chronischen Magen-Darm-Beschwerden ist die Getreideart auch heute noch ein hilfreiches Naturheilmittel. Das Mehl aus Dinkel ist reich an Eiweiß, Kalium, Phosphor und Eisen. Kalium sorgt dafür, daß das Innere unserer Körperzellen ausreichend mit Flüssigkeit versorgt ist. Diese wirkt sich wiederum positiv auf ihre Vermehrung und ihr Wachstum aus. Außerdem fördert das Mineral den Kohlenhydratstoffwechsel im Organismus, die Sauerstoffversorgung des Gehirns und die Nervenreizübertragung. Eisen ist wichtig für die Blutbildung, unser Immunsystem und für ein stabiles Muskelgewebe.

Achten Sie beim Essen schrothaltiger Vollkornprodukte wie Mehrkornbrot, Getreidemüsli und -flocken oder Weizenkleien darauf, viel Flüssigkeit dazu zu trinken. Nur so können die Ballaststoffe ihre Funktion im Darm erfüllen.

Aus Dinkelmehl gelingen besonders lockere Vollkorngebäcke und -brot. Grünkern ist »grüner«, in der Milchreife geernteter Dinkel. Durch einen Röstvorgang erhält er sein rauchiges Aroma. Grünkern ist sehr beliebt als Suppeneinlage. Geschrotet wird er gerne zu Bratlingen und Aufläufen verwendet.

Warum Vollkornbrot so gesund ist

- Der Grundstoff von Vollkornbrot besteht aus gemahlenem vollen Getreide.
- Das Vollkornmehl enthält im Gegensatz zum weißen Mehl noch die wertvollen Randschichten des Korns.
- In diesen Randschichten befinden sich B-Vitamine, Phosphor, Magnesium, Eisen, Mangan und Kupfer sowie Ballaststoffe.

Gerste

Eine der ältesten europäischen und asiatischen Kulturpflanzen ist die Gerste. Auch dieses Getreide wirkt als Schleimzubereitung lindernd bei Magen-Darm-Erkrankungen. Es ist reich an Mineralien und B-Vitaminen, welche bei vielen Stoffwechselreaktionen des Körpers eine Rolle spielen. Ein altes Hausmittel ist in Milch gekochte Gerste. Sie regt die Milchdrüsensekretion bei stillenden Müttern an. Ein Nebenprodukt aus Gerste ist Malz, das bei der Bierherstellung Verwendung findet.

Hafer

Hafer ist von alters her ein besonders wirksamer Energielieferant für Mensch und Tier. Seine Inhaltsstoffe Eiweiß, Fluor, Phosphor, B-Vitamine, Kalzium, Kieselsäure und Biotin unterstützen in dieser spezifischen Zusammensetzung die Entwicklung von heranwachsenden Kindern, liefern Energie für die körperliche und geistige Leistungsfähigkeit beim Erwachsenen und wirken als Stärkungsmittel für ältere Menschen. Wer regelmäßig Haferprodukte zu sich nimmt, sorgt außerdem auf natürliche Weise für gesunde Zähne und Knochen, schöne Haut und kräftiges Haar. Auch Magen-Darm-Störungen werden oft mit Haferschleim kuriert.

Hirse

Eine Alternative für Zöliakiebetroffene, die an einer Unverträglichkeit von Gluteneiweiß leiden, ist Hirse. Sie ist ebenso wie Dinkel anspruchslos in der Aufzucht und war in früheren Zeiten die Hauptnahrung der Armen. Der süße Hirsebrei ist sogar ins kulturelle Volksgut übergegangen. Menschen, die eine Antibiotikakur hinter sich haben, bringen ihre Darmflora mit einer Hirsediät wieder auf Vordermann.

B-Vitamine sind eng zusammenwirkende elementare Helfer unseres Stoffwechsels. Da sie wasserlöslich sind, scheidet der Körper sie schnell wieder aus. Eine ausreichende Versorgung mit Getreideprodukten beugt Vitamin-B-Mangelerscheinungen vor.

Die wichtigsten tropischen Getreidepflanzen

Mais

Von der Nahrhaftigkeit dieser Getreidesorte wußten schon die Inkas und Indianer aus Nordamerika. Noch heute ist die traditionelle mexikanische Küche reich an Maisgerichten und -zubereitungen, die auch als Diätkost bei einer Vielzahl von körperlichen Beschwerden eingesetzt werden. Denn das »Korn der Inkas« ist fettarm und leicht verdaulich. Fertiges Maismehl aus dem vollen Korn ist von gelblicher Farbe. Der gröbere Maisgrieß ist zur Herstellung von Polenta bestimmt.

Reis

Das Brot Asiens hat schon längst bei uns Einzug gehalten. In China und Japan beispielsweise wird der Reis zu vielen Gemüsegerichten als neutrale Beilage gereicht. Reis ist im Vergleich zu anderen Getreidesorten häufig weniger vitamin- und mineralstoffreich (weißer Reis). Statt dessen wirkt er neutralisierend, entwässernd, im Vergleich zu anderen Getreidesorten selten allergen und wird bei fast allen Magen-Darm-Erkrankungen gut vertragen.

Verwenden Sie vorzugsweise braunen Reis oder Naturreis. Er enthält im Vergleich zum polierten weißen Reis die wertvollen Inhaltsstoffe des Reiskorns.

Die gebräuchlichsten Reissorten

- **Weißer Reis:** Hier sind die sogenannten Silberhäutchen und damit der vitamin- und mineralienstoffreiche Schalenanteil sowie der Keim entfernt. Basmatireis beispielsweise, der Lieblingsreis der wohlhabenden Asiaten, ist sehr leicht verdaulich.
- **Naturreis oder brauner Reis:** Der Vollkornreis ist etwas schwerer verdaulich als der weiße, geschälte Reis. Dafür ist er gesünder, da er Vitamin E, B1, B2, B6, Folsäure und Niazin sowie wertvolle Mineralstoffe und Ballaststoffe enthält.
- **Parboiled Reis:** Er besitzt weniger Aroma als der weiße Reis, beinhaltet aber mehr Vitamine und Mineralstoffe.

Vegetarische Lebensmittel auf dem Grill

Roggen

Sehr gut zum Brotbacken eignet sich der klebeeiweißhaltige Roggen. Die Getreideart ist reich an Phosphor, Kalium, Eisen, Kieselsäure und B-Vitaminen. Die Biostoffe des Roggens wirken positiv bei Gefäßverkalkung und bei Blutarmut.

Weizen

Weizen ist heute eine der wichtigsten Nutzpflanzen der Welt. Ebenso wie Roggen enthält er Klebeeiweiß, weshalb sich auch diese Getreideart gut für die Herstellung von Brot und anderen Backwaren eignet.

Besonders im europäischen Raum ist die Ernährung mit Weizenprodukten weit verbreitet. Das Getreide ist reich an Eiweiß, Vitaminen, essentiellen Fettsäuren und Mineralien. Besonders reich an Vitamin E, das Haut und Haar von innen stärkt, sind Weizenkeime und das aus ihnen hergestellte Weizenkeimöl.

Weizen können Sie gut an dem grannenlosen Fruchtstand erkennen. Die Körner – eine Ähre trägt im Durchschnitt zwischen 25 und 40 Stück – sind oval, gelblich und relativ dick. Im Gegensatz dazu hat Roggen längere Grannen und dünne, schmale Körner; Gerste wiederum zeichnet sich durch ihre besonders langen Grannen aus, ihre Körner sind oval und etwas breiter als die des Roggens.

Weizen, biologisch angebaut, liefert nicht nur gesundes Korn und ist damit ein wertvolles Nahrungsmittel. Weizenfelder bieten auch zahlreichen fast verschwundenen Blumen, wie z.B. dem Klatschmohn und der blauen Kornblume, noch Lebensraum.

> **Weizenkeime unterstützen den Körper**
>
> - Als Stärkungsmittel
> - Zur vollwertigen Nahrungsergänzung, denn sie enthalten 14 Vitamine, mehrfach ungesättigte Fettsäuren, wertvolles Eiweiß,
> - 18 Mineralien und Spurenelemente
> - Zur Linderung von Menstruationsbeschwerden
> - Zur Vorbeugung von Herz-Kreislauf-Störungen

Vegetarischer Fleischersatz

Das Wort »Ersatz«, und dann noch im Zusammenhang mit Fleisch ausgesprochen, wird sich für einen Nichtvegetarier immer nach Verzicht anhören. Der Schritt zu den exotisch anmutenden vegetarischen »Fleischsorten« Gluten, Seitan, Sojafleisch und Tofu erscheint einem Menschen, der gerade dabei ist, seine Ernährung auf pflanzliche Art umzustellen, dementsprechend groß. Tatsächlich sind Seitan und Tofu japanischer bzw. chinesischer Herkunft und werden dort bereits seit Jahrtausenden zur raffinierten »Nachahmung von Fleisch- und Fischgerichten« verwendet. Für europäische Zungen sind diese Spezialitäten daher vielleicht noch etwas ungewohnt. Die vielseitigen Grill- und Räucherrezepte mit diesen vegetarischen Extras machen jedoch schnell Geschmack auf mehr.

Gluten

Das Weizeneiweiß kann man auf sehr einfache Weise selbst herstellen. Möchte man sich die Arbeit jedoch ersparen, so kann man ohne weiteres auf Fertigprodukte aus dem Reformhaus zurückgreifen: Bei »Gluten pur« handelt es sich um ein reines, für Veganer geeignetes Weizenglutenpulver. Es hat den höchsten Eiweißanteil mit ca. 80 Gramm pro 100 Gramm Gesamtinhalt. Wie das selbstgemachte Gluten ist es

Gluten und glutenhaltige Nahrungsmittel, wie Weizen, Roggen, Hafer, Gerste, Dinkel oder Wildreis, sind für Menschen, die an Zöliakie, der Erkrankung der Dünndarmschleimhäute, leiden, verboten!

völlig geschmacksneutral und muß daher gut gewürzt werden. Das Pulver wird je nach gewünschter Konsistenz im Verhältnis von mindestens 1:1 mit Wasser verknetet und, wie in den Rezepten angegeben, weiterverarbeitet.

Die »Vega-Vita-Bratlingsmasse für Schnitzel« ist eine Fertigmixtur aus Weizen- und Milcheiweiß, Salz, Zwiebelpulver und Gewürzen. Sie wird ebenfalls je nach gewünschter Konsistenz im Verhältnis von mindestens 1:1 mit Wasser verknetet und, wie in den Rezepten angegeben, weiterverarbeitet.

Seitan

Aus Japan stammt das in der vegetarischen Küche vielseitig einsetzbare Seitan. Es besteht aus Weizeneiweiß (Gluten), Sojasauce, Sojamehl, Algen und verschiedenen Gewürzen. Je weniger Wasseranteil es enthält, desto zäher und faseriger ist seine Konsistenz. Seitan ist reich an pflanzlichem Eiweiß und Mineralstoffen (besonders Kalzium). Positive Nebenwirkungen hat der fettarme Fleischersatz außerdem auf die schlanke Linie. Seitan kann man fertig in Gläsern im Bioladen oder im Reformhaus kaufen.

Tofu

Tofu ist ein wichtiger Bestandteil der vegetarischen Küche. Bei nur 4 Gramm Fett pro 100 Gramm liefert er wertvolles Eiweiß und Mineralstoffe. Tofu muß wie jedes Protein gut gekühlt aufbewahrt werden. Wird er nicht sofort verbraucht, kann er einige Tage frisch gehalten werden, indem man ihn mit Wasser, das täglich gewechselt werden muß, bedeckt. Tofu nimmt Gewürze und Aromen bestens an. So findet er in zahlreichen pikanten und süßen Varianten Verwendung. Seine Konsistenz kann durch Einfrieren, Braten oder Fritieren verändert werden. Dies macht ihn zum vollwertigen und universellen Ersatz für Milch-, Ei-, Fisch- und Fleischgerichte.

Die Geschichte des Tofu ist legendär: Auf der Suche nach einem Mittel für die Unsterblichkeit des Menschen und die Zusammenstellung immer neuer Mixturen »entdeckte« ein chinesischer Fürst vor über 2000 Jahren den Sojabohnenkäse »Dou Fu«. Den nahrhaften »Käse«, der reich an B-Vitaminen sowie pflanzlichem Eiweiß und arm an Fett und LDL-Cholesterin ist, verwendeten die Chinesen und später auch die Japaner für ihre besten landestypischen Gerichte.

Ideale Gewürze für Tofugerichte	
• Salz	• Muskat
• Pfeffer	• Majoran
• Sojasauce	• Rosmarin
• Curry	• Paprika

Vielfältiges Gemüse

Neben Getreide und Obst ist Gemüse eine der tragenden Säulen der vegetarischen Ernährung. Fettarm, vitamin-, mineral- und ballaststoffreich ist die grüne Küche, die aufgrund der Vielfalt an Gemüsesorten auch für eine enorme Abwechslung auf dem Speiseplan sorgt. Vor allem die asiatische Kochkunst ist ein hervorragendes Beispiel für eine vom Gemüse inspirierte Küche, weshalb auch viele vegetarische Zubereitungen einen chinesisch, japanisch oder thailändisch anmutenden Charakter haben.

Gesund und kräftigend

In der traditionellen Naturmedizin war die Bedeutung von Gemüse für die Gesundheit des Menschen immer eine Selbstverständlichkeit. Ihre Inhaltsstoffe wirken ausgleichend auf den Körper, stärken das Immunsystem und können so körperlichen Störungen vorbeugen.

Bis auf das Vitamin B12 und die Mineralstoffe Phosphor und Zink enthalten die verschiedenen Gemüsesorten tatsächlich alle uns bekannten Vitamine und Mineralien sowie reichlich Ballaststoffe. Wer also regelmäßig eine bunte Auswahl an Gemüsegerichten zu sich nimmt, braucht sich zum einen um seine Vitaminversorgung keine Sorgen mehr zu machen, zum anderen ist das die beste und natürlichste Art, Gesundheit langfristig zu schützen.

Daß Gemüse gesund ist, ist bekannt. Daß aber eine dauerhafte gesunde und bewußt eingesetzte Ernährung mit Gemüse Krankheiten vorbeugen kann, wird jedoch oft verkannt. Jährlich werden bis zu einem Drittel des Kostenaufwands des deutschen Gesundheitswesens für Erkrankungen, die nachweislich auf langfristige ungesunde Ernährung zurückzuführen sind, ausgegeben.

Einkaufstips

Frisches, nur kurz gelagertes Gemüse ist das beste und gesündeste. Es schmeckt nicht nur aromatisch und hat eine feste Konsistenz, in ihm sind außerdem noch alle Vitamine und Biostoffe weitestgehend enthalten. Geben Sie Gemüse, das im Freien gedeiht, den Vorzug. Es bekommt im Gegensatz zur Treibhausware viel natürliches Sonnenlicht ab. Dieses baut das in Pflanzen vorkommende Nitrat ab. Fragen Sie vor dem Kauf deshalb Ihren Gemüsehändler nach Freilandgemüse und wie lange seine Ware bereits lagert.

Versuchen Sie, Ihren Speiseplan auf die heimischen Gemüsesorten der Saison abzustimmen, also Tomaten, Zucchini, Kohlrabi, Spinat, Brokkoli oder Auberginen zur Sommerzeit, Lauch, Möhren, rote Bete, Weiß- und Rotkraut, Rosenkohl oder Sellerie im Winter. Diese Art einzukaufen entspricht nicht nur dem Rhythmus der Natur, sondern entlastet auch Ihr Portemonnaie.

Wer zuwenig Zeit hat, um öfter ins Gemüsegeschäft oder auf den Markt zu gehen, kann auch ohne weiteres auf Tiefkühlgemüse ausweichen, das ebenfalls noch relativ gehaltvoll ist.

Warenkunde gesundes Gemüse

Algen

Speisealgen sind uns hierzulande als Gemüsebeilagen entweder aus der Feinschmecker- oder der asiatischen Küche bekannt. Besonders in Japan stellen Meeresalgen den Hauptbestandteil von leckeren Salaten, Gemüsegerichten und -suppen dar. Sushi, die japanischen Reisröllchen, werden ebenfalls in Algenblätter gewickelt.

Algen sind äußerst kalorienarm und beinhalten wichtige Mineralstoffe wie Magnesium, Mangan und Jod. An Vitaminen sind die blutbildende Folsäure sowie B1 und B2 enthalten. Wakamealgen sind besonders reich an dem krebshemmenden Inhaltsstoff Fukoidan.

Die stärkende Wirkung von Algen auf das Immunsystem und ihr krebsvorbeugender Effekt sind mittlerweile auch wissenschaftlich bewiesen. Ein Grund mehr, das exotische Gemüse auch in der heimischen Küche öfter zu verwenden. Die gebräuchlichsten Speisealgen sind die Sorten Hiziki, Kombu, Nori und Wakame.

Kleines Gemüse ABC

So lagern Sie Gemüse richtig

- Blattgemüse oder andere Gemüsesorten, die rasch welken oder trocknen, bevorzugen zur Lagerung einen dunklen, kühlen und etwas feuchten Platz.
- Empfindliche Gemüsesorten wie Spinat oder Brokkoli fühlen sich am wohlsten im Gemüsefach im Kühlschrank bei 2 bis 4 °C.
- Robustere Gemüsesorten wie Kartoffeln, Zwiebeln oder Kürbisse gehören an einen kühlen, dunklen und gut durchlüfteten Ort bei einer Temperatur von 10 bis 12 °C. Idealerweise sind sie im Keller oder an einem möglichst kühlen Platz in der Wohnung aufzubewahren.

Artischocken

Als eßbare Blüten sind Artischocken vor allem in der mediterranen Küche eine Spezialität. Dort gelten die grünen Blätter des Distelgewächses als sommerliche Delikatesse. Besonders köstlich sind die fleischigen Artischockenherzen, die man hier auch im Glas kaufen kann. Sie werden als Zutaten für Salate und Gemüsegerichte verwendet.

Doch auch als Heilpflanze ist die Artischocke bekannt. Die Inhaltsstoffe der Blütenblätter und des Blütenbodens wirken günstig auf den Leberstoffwechsel, lindern Gallensteinbeschwerden und senken den Cholesterinspiegel im Blut.

Auberginen

Auberginen sollten in der Küche immer ungeschält verwendet werden, da sich in ihrer Schale die meisten Nährstoffe befinden. Das kalorienarme und vielseitig einsetzbare Gemüse ist sehr wasserhaltig, reich an Ballaststoffen und extrem natriumarm. Es kann fiebersenkend und anregend auf den Blutkreislauf wirken sowie vor Diabetes und Bluthochdruck schützen.

Die dunkelvioletten, eiförmigen Auberginen erreichen eine Länge von 10 bis 30 Zentimetern und werden bis zu einem Kilogramm schwer. Sie zählen zu den Fruchtgemüsen, da sie dieselbe biologische Funktion wie Obst haben.

Vegetarische Lebensmittel auf dem Grill

Avocados enthalten zwar eine ganze Menge an Kalorien, sind jedoch durch ihre Kombination von essentiellen Fettsäuren und Vitamin E geradezu ideal zum Vorbeugen von Herz-Kreislauf-Erkrankungen.

Avocado

Avocados sind besonders reich an essentiellen, also lebensnotwendigen Fettsäuren (Linolsäuren). Ihr Kaloriengehalt ist daher mit 221 kcal/100 Gramm entsprechend hoch. Diese Fettsäuren sind es jedoch, die Avocados zu einem guten Herzschutzmittel machen. Bei ausreichender Versorgung von Linolsäuren im Körper treten Herz-Kreislauf-Erkrankungen deutlich seltener auf. An Vitaminen beinhalten sie Vitamin C, das die Immunabwehr stärkt, B6 und Biotin, die mitverantwortlich für die Haut- und Haargesundheit sind. Der hohe Kaliumgehalt in der gesunden Frucht wirkt zudem entwässernd. Lindernd wirkt eine Avocado auch bei Magengeschwüren, Übersäuerung und Menstruationsproblemen.

Avocado oder Birnenfrucht wird überwiegend kalt in Salaten, zu Dips oder Brotaufstrichen verwendet. Erhitzen oder gar Kochen würde sie bitter schmecken lassen. Tip: Immer mit etwas Zitronensaft beträufeln, das verhindert das Schwarzwerden und hilft, das wertvolle Eisen besser aufzunehmen.

Brokkoli

Mit zu den gesündesten Gemüsesorten gehört der dem Blumenkohl verwandte Brokkoli. Er enthält verschiedene Biostoffe in extrem hoher Konzentration. Das sind Mineralstoffe wie Kalium, Kalzium, Mangan, Kupfer und Eisen, die Vitamine C, Folsäure und B5 sowie Beta-Karotin (Provitamin A). Mit ihrer Hilfe wird das Abwehrsystem des Körpers geschützt, freie Radikale in den Körperzellen werden abgewehrt, und das Bindegewebe der Haut wird gestärkt. Durch den hohen Gehalt an Vitamin C und Beta-Karotin wirkt das blütenartige grüne Gemüse günstig bei der Krebsabwehr.

Fenchel

Fenchel ist bekannt als homöopathische Heilpflanze und als leckere Gemüseknolle. Kalorienarm und reich an den Mineralien Kalium und Eisen sowie an Spurenelementen, ist er äußerst leicht verdaulich. Hinzu kommt sein extrem hoher Vitamin-C-Gehalt, der stärkend auf die Immunabwehr wirkt. Außerdem enthält Fenchel viel Beta-Karotin, Vitamin B1 und Folsäure. Fenchel ist der reinste Gesundheitscocktail. Sein leicht anisartiger Geschmack stammt von den ätherischen Ölen Athenol und Fenchem, welche die Verdauung anregen und Erkältungen der Atemwegsorgane lindern.

Karotten

Das orangefarbene Wurzelgemüse ist in Europa bereits seit der Römerzeit bekannt. Als gesunde Zwischenmahlzeit stillt es den Heißhunger und fügt dem Körper eine große Portion an Vitamin K und dem Provitamin A (Beta-Karotin) zu. Letzteres wirkt im Körper – wie übrigens auch Vitamin C und E sowie Selen – als idealer Radikalenfänger. Damit der Organismus die wertvollen Beta-Karotine der Mohrrübe nutzen kann, sollte man Karotten vor dem Essen entweder fein raspeln oder leicht in Öl oder Butter andünsten. Um den Nährwert eines Gemüsegerichts mit Karotten zu erhöhen, ergänzen Sie das Wurzelgemüse mit zink- und eisenhaltigen Lebensmitteln (z. B. Linsen).

> **Für Menschen, die keine Milch vertragen, sind Brokkoli und vor allem Grünkohl mit seinem hohen Kalziumgehalt ein idealer Nahrungsersatz.**

> **Kein anderes Gemüse als Karotten hat einen derartig hohen Gehalt an Beta-Karotin zu bieten. Und dieses benötigt der Organismus, um mit Hilfe von Vitamin E, Eisen, Zink und den Schilddrüsenhormonen das wichtige Vitamin A herzustellen, das den Sehsinn unterstützt und möglichen Störungen, wie etwa Nachtblindheit, vorbeugt.**

Kartoffeln

Der hohe Stärkegehalt der Kartoffel versorgt den Körper mit Glukose, die er in Energie umwandelt. Und damit die vielseitige Knolle ihre wertvollen Vitamine und Mineralstoffe erhält, sollte sie bei niedriger Temperatur und mit Schale gegart werden.

Eines der vollwertigsten natürlichen Nahrungsmittel ist die Kartoffel, die ebenso wie die Karotte zu den Wurzelgemüsen zählt. Eine mittelgroße Kartoffel hat nicht mehr Kalorien als ein großer Apfel. An Nährstoffen hat die gesunde Knolle jede Menge zu bieten: Sie enthält größere Mengen der Vitamine B1, B6 und C sowie an Kalium (wichtig für unsere Körperzellen und Muskeln!), Eisen, Zink, Jod und Kupfer. Darüber hinaus enthält die Kartoffel wenig, dafür aber sehr hochwertiges Eiweiß, das in Kombination mit Milcheiweiß oder Tofu eine ernährungsphysiologisch optimale Qualität erreicht.

Paprikaschoten

Paprikaschoten bereichern nicht nur die Optik auf einem Gemüseteller. Die roten, grünen, gelben oder auch weißen Schoten sind sehr aromatisch und bieten eine breite Geschmackspalette von süß bis scharf. Während die Mineralstoffkonzentration in den aus Südamerika stammenden Schoten kaum nennenswert ist, ist ihr Vitamin-C-Gehalt geradezu sensationell. Im Zusammenspiel mit Beta-Karotin und Vitamin E unterstützt dieser auf ideale Weise das Immunsystem und schützt die Körperzellen und Organe vor den Angriffen durch freie Radikale. Auch Vitamin B6 ist reichlich in den gesunden Schoten enthalten. Es unterstützt in Kombination mit tierischem Eiweiß den Proteinstoffwechsel im Körper. Am meisten sind diese wertvollen Biostoffe übrigens in den roten Paprikaschoten vorhanden.

Pilze

Der aus Asien stammende Shiitake-Pilz wird auch hier immer beliebter. Sein Eiweißgehalt ist gering, dafür hat er eine außergewöhnliche Auswahl an Vitaminen zu bieten: Dazu gehören Folsäure, K, B2, B5 und Biotin sowie der krebshemmende Wirkstoff Lentinan. Die Inhaltsstoffe des zart duftenden Pilzes unterstützen den Organismus bei Bluthochdruck oder Blutarmut sowie bei Nervenschwäche. Auch bei Immunschwächekrankheiten werden Shiitake-Pilze in der Naturmedizin als Heilmittel eingesetzt.

Gut zu kombinieren mit vitaminreichem Gemüse sind Zuchtpilze wie Austernpilze oder Champignons. Aufgrund ihres hohen Wasseranteils (90 Prozent bei frischen Pilzen) besitzen sie zwar einen eher geringen Nährstoffanteil, dafür ist ihr Eiweißgehalt mit zwei bis fünf Prozent deutlich höher als bei Blattgemüsen. Waldpilze schmecken sehr aromatisch, doch sind diese häufig mit Kadmium und Quecksilber belastet.

Spinat

Wurzel- und Blattspinat, ein feines und sehr gesundes Gemüse, stammt ursprünglich aus dem arabischen Raum. Kurz nach der Ernte beinhalten die kalorienarmen Blätter neben den Vitaminen K, B2 und B6 ein großes Potential an den Radikalefängern Vitamin C, E und Beta-Karotin. Bei längerer Lagerung von frischgekauftem Spinat verliert sich das Vitamin C allerdings. Wer dagegen auf tiefgefrorene Ware zurückgreift, spart sich die etwas mühevolle Vorbereitung des Blattspinats und erhält noch einiges an Biostoffen des grünen Gemüses. Der Eisengehalt von Spinat ist fast schon legendär. Eine Portion kann den Tagesbedarf eines Erwachsenen an diesem Mineral decken. Um die Nährstoffe von Spinat im Körper völlig umzusetzen, sollte man ihn mit Öl oder Butter zubereiten und als Ergänzung Reis oder Kartoffeln dazu reichen. Ein spinathaltiges Gericht wirkt positiv bei Streß, Müdigkeit oder Konzentrationsschwäche.

Tomate

Eines der beliebtesten sommerlichen Fruchtgemüse sind Tomaten. Frisch geerntet schmeckt Freilandware süß und aromatisch und besitzt eine saftige Konsistenz. Man kann sie roh als Beilage oder im Salat verzehren und auch für viele Gemüsegerichte sowie als Saucengrundlage verwenden. Tomaten haben kaum Kalorien, und eine mittelgroße frische Frucht deckt knapp die Hälfte des täglichen Vitamin-C- und etwa ein Viertel des Vitamin-A-Bedarfs ab. Auch die zeller-

Stammen die Tomaten überdies aus biologischem Anbau, so ist ihr Gehalt an dem schützenden Mineralstoff Selen und dem von Chrom erhöht. Letzteres spielt eine wichtige Rolle bei der Zuckerverwertung im Körper. Zudem wirkt der regelmäßige Verzehr von Tomaten harntreibend.

neuernde Folsäure (gut bei trockener Haut) und Beta-Karotin sind in dem roten Gemüse enthalten. Tomaten sollten daher häufiger mit pflanzlichem Öl zubereitet werden, um ihre Biostoffe besser verwertbar zu machen.

Zwiebel

Die zu den Laucharten gehörige Zwiebel ist eine der ältesten Heil- und Gewürzpflanzen der Welt. Die Zwiebel wirkt antibakteriell, blutverdünnend und cholesterinsenkend. Und: Wer täglich Zwiebeln verzehrt, muß sich keine Sorgen um seine Darmflora machen. Zudem steigert sich die Magensaftproduktion, womit Nahrungseiweiß besser verwertet werden kann. Auch bei Erkältungen wird sie in der Hausapotheke häufig als erfolgreiches Heilmittel eingesetzt, da sie schleimlösend wirkt. Mit Mineralien, Spurenelementen und Vitaminen ist das äußerst kalorienarme Gemüse nicht reich gesegnet. Ihr eigentlicher Wert für den Organismus besteht statt dessen in ihren schwefelhaltigen ätherischen Ölen, die zum Teil auch krebshemmend wirken.

Hausrezept bei Erkältungskrankheiten: Vermischen Sie kleingehackte Zwiebeln mit etwas Honig. Lassen Sie diese Mischung 24 Stunden lang ziehen. Anschließend teelöffelweise verabreichen oder einnehmen.

Die Zwiebel zählt zu den ältesten Heil- und Gewürzpflanzen. In Asien war sie schon 4000 Jahre v. Chr. bekannt, in Mitteleuropa setzte sie sich erst im Zuge der Klostergartenkultur durch.

Fette und Öle

Fett macht nicht nur fett. Denn pflanzliche Salatöle und Bratfette enthalten im Gegensatz zu ihren tierischen Pendants jede Menge lebenswichtiger essentieller Fettsäuren. Während unser Körper nichtessentielle Fettsäuren selbst herstellen kann, müssen ihm die essentiellen über die Nahrung geliefert werden. Nur mit ihrer Hilfe kann unser Stoffwechsel reibungslos funktionieren.

Aktiver Zellschutz durch Vitamin E

Außerdem versorgen uns die pflanzlichen Fette und Öle mit verschiedenen fettlöslichen Vitaminen. Die meisten Pflanzenöle sind besonders reich an Vitamin E. Dieses schützt die Körperzellen vor freien Radikalen, den Hauptverantwortlichen für die Alterungsprozesse der Haut und der Organe. Vitamin E ist besonders reichlich in Soja- und Sonnenblumenöl vorhanden. Doch auch andere pflanzliche Fettlieferanten wie Margarine, Walnüsse, Erdnüsse und Mandeln versorgen den Körper mit dem Zellschutzvitamin.

Geschmacksverbesserung mit Fetten und Ölen

Gute Fette besitzen ein feines Aroma, das vielen Gerichten neben Kräutern, Salz und Pfeffer eine zusätzliche feine Würze verleiht. Wer in seiner Küche ausschließlich pflanzliche Fette verwenden möchte, sollte immer ein Stück Pflanzenmargarine im Kühlschrank haben. Dies kann man beim Backen und Dünsten einsetzen. Für Gerichte, die bei starker Hitze gebraten werden sollen, verwendet man am besten Öl. Pflanzliches Öl wird u.a. aus Sojabohnen, Sonnenblumensamen, Maiskeimen, Oliven, Sesam, Raps, Kokos, Kürbiskernen, Weizenkeimen und Walnüssen hergestellt. Den höchsten Eigengeschmack besitzen die kaltgepreßten nativen Öle.

Zu den pflanzlichen Ölen gehören auch Kokosfett und das vielgeliebte Olivenöl. Sie sind jedoch weniger reich an essentiellen Fettsäuren als andere Öle, die aus pflanzlichen Bestandteilen gepreßt werden.

Wenn Sie ein pflanzliches Öl etwa eine halbe Stunde lang auf ca. 200 °C erhitzen, so reduzieren Sie den Vitamin-E-Gehalt des Öls. Auch zu lange Lagerung vermindert den Gehalt dieses wertvollen Bestandteils.

Vorsicht vor Kalorien

Wenn Sie zu den Menschen gehören, die sehr auf ihre schlanke Linie achten, dann sollten Sie selbstverständlich auch bei der Verwendung von Sonnenblumenöl und anderen pflanzlichen Fettlieferanten maßhalten. Denn diese halten zwar unsere Zellen in Form und unterstützen die Zellteilung, doch stellen auch sie ebenso wie die tierischen Fette Butter und Schmalz die reinsten Energiebomben mit jeder Menge an Kalorien dar. Schon ein Gramm Fett beliefert den Körper mit neun Kalorien, und das ist bereits doppelt soviel wie der Kaloriengehalt von einem Gramm Kohlenhydrate.

Fett beim Grillen

Mittlerweile ist bekannt, daß gerade beim Grillen von Fleisch der krebsfördernde Stoff Benzpyren entstehen kann. Tropft Fett in das Grillfeuer und verbrennt, so entsteht dieser Kohlenwasserstoff, der nach oben verdampft und sich so im Grillgut ablagert. Bei Grills mit Seiten- oder Oberhitze erledigt sich dieses Problem. Beim Grillen von fettarmen vegetarischen Lebensmitteln tritt es in der Regel gar nicht erst auf.

Sie können mit allen pflanzlichen Ölen braten, dünsten oder Salatsaucen zaubern. Achten Sie jedoch gerade bei den nussigen Ölen – eine Ausnahme bildet das Erdnußöl – auf sparsame Verwendung, denn sie alle besitzen einen starken Würzcharakter.

Milch, Käse und Eier

Milch, Sauermilchprodukte und Eier bilden auf dem Speiseplan von Ovolaktovegetariern eine sinnvolle Nahrungsergänzung zur pflanzlichen Kost. Alle Lebensmittel dieser Gruppe verfügen über Vitamine und Mineralien, die in dieser Form nur noch Sojaprodukte, Fleisch und Fisch beinhalten. Allerdings ist das tierische Eiweiß von Milchprodukten wesentlich leichter verdaulich als die in Fleisch und Fisch enthaltenen Proteine.

Die Milch macht's

Wer Fisch und Fleisch aus seinen Kochtöpfen verbannen will, muß dafür sorgen, daß er ihre Nährstoffe durch andere Nahrungsmittel bekommt. Der für unseren Organismus lebenswichtige Nährstoff B12 ist vor allem in fleischlicher Nahrung und Fischgerichten enthalten. Doch auch Milch, Käse und Eier können den Körper in ausreichender Menge mit diesem Biostoff versorgen. Er wirkt u.a. auf die Funktionen unseres Gehirn- und Nervensystems, den Energie- und Eisenstoffwechsel und unsere allgemeine Stimmungslage.
Nicht nur ihr Vitamin-B12-Gehalt macht die Milch und ihre Nebenprodukte Quark, Buttermilch, Joghurt etc. für viele Vegetarier unentbehrlich. Auch den Kalziumhaushalt des Körpers bereichert dieses Lebensmittel mehr als irgendein anderes. Das Mineral ist wichtig für den Bau und die Erhaltung von festen Knochen und starken Zähnen. Gerade für Kinder, die sich noch im Wachstum befinden, und ältere Menschen, die einer möglichen Osteoporose (Knochenschwund) vorbeugen wollen, ist Kalzium daher ein unentbehrlicher Bestandteil der täglichen Nahrung.

Eier

Eine wohlschmeckende Nahrungsergänzung mit vielen Zubereitungsmöglichkeiten sind Hühnereier. Sie sind reich an tierischem Eiweiß und dem Vitamin Folsäure, welches positiv auf die Blutbildung, die Leberfunktionen und das Nervensystem wirkt. Aufgrund ihres Cholesteringehalts sollte man sich auf ein bis zwei Eier pro Woche beschränken.

Käse: vielseitig und gesund

Ebenfalls zu den Milchprodukten gehört der Käse. Genauer gesagt, besteht Käse aus Milchkonzentrat, in dem das

Wer jeden Tag ein Glas Milch, Dickmilch, Joghurt oder Kefir zu sich nimmt, deckt damit etwa ein Viertel seines Kalziumbedarfs und hält Knochen und Zähne gesund.

Milcheiweiß entweder durch Milchsäurebakterien oder durch Labferment zum Gerinnen gebracht wurde. Der ernährungsphysiologisch wichtigste Bestandteil von Käse ist demnach auch das Milcheiweiß, das hier in wesentlich höherer Konzentration enthalten ist als in Eiern oder in Fleisch. Weitere Inhaltsstoffe sind Fett, die fettlöslichen Vitamine A, D, E und K, deren wasserlösliche Pendants B1 und B2 sowie Phosphor und vor allem Kalzium. Käse beinhaltet überdies kaum unverdauliche Bestandteile, weshalb der Körper seine Nährstoffe fast vollständig umsetzen kann. Trotzdem machen ihn sein Fett- und Eiweißgehalt nicht gerade zu einem leichtverdaulichen Lebensmittel, was Menschen mit Magen-Darm-Problemen berücksichtigen sollten.

Die kohlenhydrathaltigen Lebensmittel Brot und Kartoffeln sind die idealen Begleiter der vielen verschiedenen Käsearten, die selbst kaum Kohlenhydrate beinhalten. Auch als Zutat zu Gemüsegerichten oder geriebene Würze von Speisen, besonders bei Nudelgerichten, ist Käse ideal.

Kleine Warenkunde für Käse

Käse ist so vielfältig wie die Regionen und Länder, aus denen er stammt. Seine Geschmacksbreite reicht von mild, gewürzt mit Kräutern, Pilzen, Nüssen und viel mehr bis hin zu den scharfen, pikanten Käsesorten. In Deutschland unterscheidet man die verschiedenen Käse nach ihrem Wassergehalt. Dabei gilt, je niedriger der Gehalt an Wasser im Käse ist, desto höher ist seine Trockenmasse. Unterschieden werden folgende Käsegruppen:

- Trockene Hartkäse: Cheddar, Cheshire, Emmentaler, Gruyère, Parmesan.
- Feste Schnittkäse: Gouda, Edamer und Tilsiter. Diese Käse sollten rasch verzehrt werden, da sie schnell austrocknen.
- Halbfester Schnittkäse: Butterkäse und Edelpilzkäse (Roquefort, Stilton oder Gorgonzola).
- Frischkäse werden aus Quark und Sahne zubereitet und haben keinen Reifeprozeß hinter sich (Hüttenkäse).
- Sauermilchkäse: wird ebenfalls aus Quark hergestellt (Mainzer und Harzer Käse).
- Weichkäse, von außen nach innen gereift: Camembert und Limburger.

Der Schmelzkäse zählt nicht zu den Naturkäsesorten. Er wird aus verschiedenen Naturkäsesorten hergestellt, die eingeschmolzen werden. Bei einigen Sorten wird dabei auch Schmelzsalz verwendet.

Der richtige Käse zum Raclette

- Für die original Schweizer Raclette kommen nur würzige Bergkäse wie Gomser, Greyerzer oder Appenzeller in Frage.
- Aus deutschen Käsereien kann man Allgäuer Emmentaler, Lindenberger oder Tilsiter verwenden.
- Von den französischen Käsesorten eignen sich: Beaufort, Original Riches Monts oder der würzige Comte, der dem Greyerzer am nächsten kommt.
- Auch holländische und dänische Käsesorten passen zum Raclette: Edamer und mittelalter Gouda – beide sind eher mild; Havarti, Samso und Darbo (gibt es auch mit Kümmel oder Kräutern) sind kräftiger.
- Aus Italien bereichern Bel Paese, Pecorino, Provolone und natürlich der milde Mozzarella das Angebot.
- Köstlich ist auch das Riesenangebot an Camemberts, Schmelzkäse und Schmelzkäsezubereitungen, ob mit oder ohne Zusätze wie grünem Pfeffer, Kräutern, Knoblauch oder Nüssen.
- Eine besondere Note bekommen manche Gerichte durch das Verwenden von Edelpilzkäsesorten.
- Sämtliche Racletterezepte können auch mit Tofu hergestellt werden. Da sich Tofu nicht schmelzen läßt, serviert man raffinierte Dips zum Veganraclette.

Obst

Ähnliche Qualitäten wie die vielen verschiedenen Gemüsesorten bietet frisches Obst. Es ist fett-, eiweiß- und cholesterinarm, ballaststoffreich und eine reiche Quelle für Vitamine, insbesondere Vitamin C. In der Regel haben die Gemüse ein breiteres Spektrum an Vitaminen und Mineralien zu bieten. Obst, ob frisch oder als Dessert, bietet jedoch eine leckere und erfrischende Abwechslung auf dem Speiseplan. Frisches Obst ist reich an natürlichem Fruchtzucker, so daß ein mit Obst zubereitetes Müsli oder eine Dessert ohne zusätzlichen Zucker oder Honig auskommen kann.

Fast alle Obstsorten enthalten Vitamin C, das Schutzschild unseres Immunsystems. Vitamin C oder Askorbinsäure ist der Radikalefänger schlechthin. Der Name stammt aus der Seefahrerzeit früherer Jahrhunderte, als viele Matrosen an Skorbut erkrankten und starben. Der Zusammenhang zwischen Skorbut und Vitamin C, dem »antiskorbitischen Vitamin« oder Askorbinsäure, wurde erst im 19. Jahrhundert allgemein anerkannt. Seit dieser Zeit war es Pflicht, Matrosen täglich eine Ration Zitronensaft zu verabreichen.

Ebenso wie Gemüse sollten Sie Obst dem Angebot der Saison entsprechend einkaufen.

Ananas

Es gibt verschiedene Obstsorten, denen über ihren normalen Vitamingehalt hinaus auch noch besondere Heilkräfte nachgesagt werden. Dazu gehört die aus Mittel- und Südamerika stammende Ananas. Sie enthält viel Vitamin C und die Mineralstoffe Kalzium, Phosphor, Eisen und Kalium. Daneben sind Fruchtsäuren, Vanillin, ätherisches Öl und das wertvolle Verdauungsferment Bromelain vorhanden. Mit einem Glas frischem oder vergorenem Ananassaft kann man daher auf natürliche Weise die Darmtätigkeit anregen. Der hohe Vitamingehalt der Frucht wirkt vorbeugend gegen verschiedene Krankheiten, besonders gegen die sogenannten Winterleiden. Ananasfrüchte in Dosen besitzen übrigens kaum mehr Gehalt an wertvollen Biostoffen.

Ananas enthält das Enzym Bromelain, das, neben seiner verdauungsfördernden Wirkung, besonders hilfreich bei Körperverletzungen und Entzündungen aller Art ist.

Brombeere

Im vollreifen Zustand schmecken Brombeeren nicht nur am besten, sondern sind auch besonders reich an wertvollen Fruchtsäuren, Mineralstoffen und Vitaminen. Leicht angewärmt getrunken, ist Brombeersaft ein hervorragendes Gegenmittel bei Heiserkeit. Tee aus Brombeerblättern wirkt wegen seines Gerbstoffgehalts hilfreich bei leichten Durchfallerkrankungen und entzündeten Schleimhäuten.

Erdbeere

Für die meisten Menschen sind die von Mai bis Juni wachsenden Erdbeeren die köstlichsten unter den Beerenfrüchten. Die reifen roten Erdbeeren, im Volksmund auch Darmkraut genannt, sind besonders gehaltvoll an Vitamin C.

Außerdem enthalten sie Fruchtsäuren, Eisen, Kalium, Kalzium, Magnesium, Zink und weitere Mineralien. Ihre Wurzeln und Blätter werden in der Volksmedizin als Tees bei Magen- und Darmleiden eingesetzt. Besonders geschätzt ob der hohen Konzentration aller genannten Inhaltsstoffe ist die Walderdbeere, die auch aromatischer schmeckt als die Gartenerdbeere. Auch sie sind natürliche Helfer bei Herzbeschwerden, Leber- und Gallenleiden, Energiemangel oder bei Verstopfungsbeschwerden.

Himbeeren

Bis in den Spätsommer hinein wachsen Himbeeren, deren Geschmack übrigens um so aromatischer ist, je »kärglicher« ihre Herkunft ist. Die wild am Wegesrand wuchernden Beeren sind daher oft leckerer als die sorgsam im Garten gezogenen. Wie bei den Brombeeren wird dem Himbeersaft eine heilende Wirkung beigemessen. Und auch aus ihren Blättern kann man gerbstoffreiche Tees zubereiten, die bei Schleimhautentzündungen oder bei Durchfallerkrankungen helfen können. Gemischt mit Brombeer- und Erdbeerblättern kann man außerdem einen gut verträglichen Haustee zubereiten. Himbeerfrüchte sind reich an B-Vitaminen, dem Provitamin A, Kalium, Eisen, Kalzium sowie Magnesium. Daher stellen sie ein heilendes Nahrungsmittel bei Leber- und Nierenschwäche dar.

Honigmelone

Obwohl die Melone eine Gemüseart ist, verbindet man hierzulande mit ihrem Genuß etwas Fruchtiges. Sie wird häufig als Vor- oder Nachspeise gereicht. Honigmelonen enthalten wenig Kalorien, sind reich an Vitamin C, Beta-Karotin und Kalium. Dieser harntreibende Wirkstoff kann in höheren Konzentrationen den Blutdruck senken. Zudem wirkt der in Honigmelonen enthaltene Biostoff Adenosin blutverdün-

Die Honigmelone gehört wegen ihres hohen Gehalts an Beta-Karotin zu den empfohlenen Obstsorten bei der Krebsprophylaxe. Unterstützend wirkt dazu der hohe Anteil an Vitamin C für das Immunsystem.

nend und schützt so vor Herzinfarkt. Das C-Vitamin des gesunden (Frucht-)Gemüses unterstützt das körpereigene Abwehrsystem. Die enthaltenen Beta-Karotine machen die Honigmelone außerdem zu einem häufig empfohlenen natürlichen Mittel zur Krebsprophylaxe. Honigmelonen werden importiert, weshalb man sie das ganze Jahr über genießen kann. Achten Sie beim Kauf der exotischen Frucht darauf, daß sie sich fest anfühlt und am Blütenansatz leicht duftet.

Johannisbeere

Schwarze Johannisbeeren wachsen am Strauch und werden im Hoch- bis Spätsommer geerntet. Besonders reich an Vitamin C sind die reifen Früchte. Außerdem enthalten sie das sogenannte Vitamin J, das Lungenentzündungen vorbeugen sowie Keuchhusten und andere Erkältungskrankheiten lindern kann. Ergänzende Wirkstoffe der Schwarzen Johannisbeere sind Vitamine der B-Gruppe, Mineralien und zusammenziehende Gerbstoffe. Letztere sind hilfreich bei Magen-Darm-Beschwerden. Die Blätter der Schwarzen Johannisbeere kann man trocknen und Tee daraus zubereiten.

Papaya

Diese exotische Frucht, die an Melonenbäumen wächst, wird gerne als Dessert oder Kompott gegessen. Das gelbe Fruchtfleisch der reifen Papayas enthält verschiedene Enzyme, darunter Papain und Aminosäuren, die anregend auf die Verdauung und die Gallenblase wirken. Die Zugabe von Papayafruchtfleisch macht schwerer verdauliche Speisen gut verträglich, da das Papain dabei hilft, mehr Verdauungsenzyme zu bilden. Papayasaft reguliert die Magen- und Gallentätigkeit sowie die Leberfunktionen und wirkt entgiftend. Auch die Einnahme des aus Papayablättern gewonnenen Tees kräftigt den Verdauungstrakt.

Die Schwarze Johannisbeere ist, neben rotem Paprika und Brokkoli, einer der wichtigsten Vitamin-C-Träger. 125 Gramm enthalten ungefähr 225 Milligramm des Vitamins – der Tagesbedarf eines erwachsenen Menschen liegt ungefähr bei 75 Milligramm. Neben seiner umfassenden Immunabwehrfunktion wird Vitamin C mittlerweile, durch zahlreiche Studien belegt, als Prophylaxe gegen Krebs anerkannt.

Zitrone

Im Fruchtfleisch der Zitrone sind Vitamin C und hochwertige Bioflavonoide (Pflanzenschutzstoffe) enthalten, die die Wirkung des Vitamins wesentlich erhöhen.
Vitamin C ist direkt oder indirekt an allen Enzymreaktionen im Körper beteiligt. Es schützt Zellen und Zellkerne vor freien Radikalen und ist damit der wirkungsvollste Helfer in unserem Immunsystem. Es fördert die Funktion unserer weißen Blutkörperchen, der Lymphozyten, und der »Freßzellen«. Gerade bei Infektionen, grippalen Infekten und Fieber sollte besonders viel an natürlichem Vitamin C verabreicht werden. Vitamin C hat jedoch auch noch andere Funktionen: Es bewahrt andere Vitamine und biologische Wirkstoffe vor Oxidation, da es Zellen Sauerstoff zuführen bzw. wegnehmen kann. Eine weitere Aufgabe liegt im Bereich der körpereigenen Energie. Ohne Vitamin C wären wir ständig müde, schlapp und »schlecht drauf«. Ideal für gesunde Menschen sind mindestens zwei dieser gelben sauren Früchte pro Tag.

Ein erhöhter Vitamin-C-Bedarf liegt besonders im Wachstumsalter, bei Schwangerschaft, Krankheit, Rekonvaleszenz und im Alter vor. Aber auch Menschen, die viel Streß haben oder starken körperlichen Belastungen ausgesetzt sind, sollten sich ausreichend mit diesem »Gesundheitspolizisten« versorgen.

Zitronen und Limonen – nicht nur ihr hoher Vitamin-C-haltiger Saft findet Verwendung. Auch die Schalen, natürlich nur von ungespritzten Früchten, finden als Aromaträger und Würzstoffe Anklang in einer phantasievollen Küche.

Köstliche vegetarische Grillrezepte

Glutenteig muß gut durchgeknetet und gewässert werden – erst dann erhält er seine kompakte Konsistenz.

Grundbaustein einer vegetarischen Ernährung ist u.a., daß die Nahrung wertvolles, für den Körper optimal verwertbares Eiweiß enthält. Dieses erhält man in Form von dem eiweißreichen, aber fettarmen Gluten, das problemlos selbst herzustellen ist. Auch Tofu ist reich an wertvollem Eiweiß und zudem an Vitaminen und Mineralien.

Zu Beginn werden die Grundrezepte der Glutenzubereitung und des Räuchertofus vorgestellt, die in zahlreichen Würzvariationen immer wieder neue Geschmacksrichtungen erfahren können. Beim Räuchertofu kommt hinzu, daß das Nebenprodukt des Räuchervorgangs, das geräucherte Öl, ein kostbares Würzmittel zum Verfeinern von Suppen und Saucen ist. Auch als Brotaufstrich ist es die reinste Gaumenfreude. Ähnlich wie Tofu läßt sich auch Käse räuchern. Der Rost sollte allerdings mit Alufolie ausgelegt sein, damit der Käse nicht zu zerlaufen beginnt und in das Räuchermehl tropft. Vegabraten, vegetarische Würstchen oder Bratlinge sind ebenfalls gut zum Räuchern geeignet.

Fleisch und doch kein Fleisch

Die Rezepte in diesem Kapitel beweisen, daß Vegetarier nicht nur von Gemüse und Obst sowie Milchprodukten zu leben brauchen. Mit etwas Raffinesse und Kreativität in der Würzung können Sie sogar fleischähnliche Gerichte zubereiten, die selbst eingefleischte »Allesfresser« von den Vorzügen des vegetarischen Grillens und der vegetarischen Ernährung überzeugen.

Abkürzungen
1 TL = 1 Teelöffel
1 EL = 1 Eßlöffel
geh. = gehäufte(r), z. B. TL
gestr. = gestrichene(r), z. B. TL
1 Msp. = 1 Messerspitze
g = Gramm
l = Liter
1 Tasse = 200 g oder 200 ml Flüssigkeit
P = Päckchen (handelsübliche Packung)

Fleischersatz

Grundrezept für Gluten

Das Gluten wird je nach Verwendungszweck in kräftig gewürzter Gemüsebrühe ganz, in Scheiben oder Stücken gekocht oder in Öl mit Gewürzen gebraten oder mariniert. Dieses selbsthergestellte Gluten oder das im Handel erhältliche Seitan kann zu Veganschnitzeln, Braten, Rouladen, Gulasch, Fondue etc. verwendet werden.

Für 4 Personen

Zutaten
- 1 kg Mehl Type 405 oder 1050
- 1 l Wasser

Zeit: 45 Min.

1 500 g Mehl mit dem gesamten Wasser gut vermengen.
2 Nach und nach das restliche Mehl zufügen und zu einem festen Teig verkneten.
3 Den Teig in 3 gleich große Stücke teilen und zu Kugeln formen. Beiseite stellen und eine halbe Stunde ruhenlassen.
4 Danach werden die Teigkugeln in kaltes Wasser gelegt und für eine halbe Stunde in den Kühlschrank gestellt.
5 Den Teig im Wasser gut durchkneten, das Wasser insgesamt 5–6mal erneuern. Bei diesem Vorgang wird die Stärke herausgewaschen, bis ein zäher, faseriger Rest, das Gluten, übrigbleibt.

Grundrezept Vegetarische Schnitzel

Für 4 Personen

Zutaten
- 250 ml Wasser zum Anrühren
- 1 Packung (200 g) Vega-Vita
- 2 l Wasser zum Kochen
- 2 gehäufte TL Gemüsebrühe gekörnt
- 1 Schalotte
- 1 Stück unbehandelte Zitronenschale (ca. 3 cm lang)
- 1 Lorbeerblatt
- 1 EL Sonnenblumenöl

Zeit: 30 Min.

1 Wasser in eine Schüssel geben, das Vega-Vita einstreuen, schnell verkneten und zu einem Kloß formen.
2 Das Wasser mit der gekörnten Gemüsebrühe zum Kochen bringen. Inzwischen die Schalotte vierteln und mit der Zitronenschale und dem Lorbeerblatt in das Wasser geben.
3 Aus dem Vega-Vita-Kloß ca. 2 cm dicke Scheiben schneiden, diese nacheinander in die kochende Brühe legen und 20 Minuten zugedeckt ziehen lassen.
4 Anschließend mit einer Schöpfkelle aus der Brühe nehmen und abtropfen lassen.
5 Damit die Schnitzel in Form bleiben, die überschüssige Flüssigkeit zwischen zwei Holzbrettchen herauspressen.
6 Anschließend marinieren (s. Räuchertofu) und weiterverwenden, wie in den Rezepten angegeben.

Köstliche vegetarische Grillrezepte

Vega-Cordon-bleu

Für 4 Personen

Zutaten
- Vegetarische Schnitzel (s. Rezept S. 49)
- 2 l Gemüsebrühe
- 4 Scheibletten Käse
- 4 Scheiben geräucherter Tofu oder Danga-Wurst
- Zahnstocher

Zeit: 40 Min.

1 Gluten oder Vegetarische Schnitzel vorbereiten.
2 Diese in 1 cm dicke Scheiben schneiden und in diese Taschen einschneiden.
3 Die Gemüsebrühe zum Kochen bringen, die Schnitzel darin 20 Minuten ziehen lassen.
4 Die Schnitzel aus der Brühe nehmen und die restliche Flüssigkeit zwischen zwei Holzbrettchen auspressen.
5 Die Schnitzel mit Käse und Tofu oder Danga-Wurst füllen, die Öffnung mit Zahnstochern gut verschließen.
6 Auf dem beölten Rost jede Seite 5 Minuten grillen.
7 Dazu Reis oder Folienkartoffeln servieren.

Unser Tip Die gefüllten Vegaschnitzel können Sie bereits einen Tag vorher zubereiten.

Gefüllte Vegarollen

Für 4 Personen

Zutaten
- 4 Vegaschnitzel
- 2 altbackene Brötchen
- 100 g Austernpilze
- 1 Zwiebel
- 2 EL Butter
- abgeriebene Schale von 1 Zitrone
- 1/4 TL Thymian
- Salz, Pfeffer
- 1 EL gehackte Petersilie
- Zahnstocher oder Bindfaden

Zeit: 30 Min.

1 Vegaschnitzel vorbereiten.
2 Die Brötchen in heißem Wasser einweichen.
3 Austernpilze und Zwiebel sehr klein schneiden.
4 Butter in einer Pfanne erhitzen. Die gehackte Zwiebel und Austernpilze mit der Zitronenschale sowie Thymian, Salz und Pfeffer zugeben und 10 Minuten unter Rühren anschmoren.
5 Das ausgedrückte Brötchen und Petersilie zugeben, zu einer dicklichen Masse verkneten, auf die Schnitzel verteilen und zu Rollen formen.
6 Mit Zahnstochern feststecken oder mit Bindfaden umwickeln.
7 Grillstein oder Rost einölen und die Rollen von allen Seiten bei mäßiger Hitze ca. 10 Minuten grillen.
8 Zusammen mit Grillkartoffeln oder mit Reis servieren.

Unser Tip Statt Austernpilzen können Sie auch Champignons oder kleingeschnittenen Räuchertofu, der vor dem Belegen mit Senf bestrichen wurde, verwenden.

Grillspießchen

Bunte Spieße

1 Gluten- oder Vegaschnitzel nach Grundrezept zubereiten.
2 Die Schnitzel gut abtropfen lassen, salzen, pfeffern.
3 Tofu und Räuchertofu in ca. 2,5 cm große Würfel schneiden.
4 Die Paprika entkernen und ebenfalls in 2,5 cm große Würfel schneiden.
5 Die Schalotten schälen und halbieren, die Radieschen oder die Cocktailtomaten waschen und trockentupfen.
6 Sämtliche Zutaten in bunter Reihenfolge auf Holzspieße stecken.
7 Auf geöltem Grillstein oder Rost garen.

Unser Tip Für Gemüsespieße verwenden Sie die gleichen Zutaten, jedoch statt Sojaprodukten pro Person 6 Champignonsköpfe. Falls Sie keine Schalotten bekommen, können Sie statt dessen auch kleine Gemüsezwiebeln nehmen. Gut schmecken die Spieße auch mit dazwischengesteckten Zuccinischeiben.

Für 4 Personen

Zutaten
- 2 Gluten- oder Vegaschnitzel
- Salz, Pfeffer
- 1 Scheibe Tofu (ca. 1 cm dick)
- 1 Scheibe Räuchertofu (ca. 1 cm dick)
- 1 grüne Paprikaschote
- 1 gelbe Paprikaschote
- 4 Schalotten
- 8 Radieschen oder Cocktailtomaten
- Holzspieße

Zeit: 20 Min.

Thailändische Zitronengrasspieße

1 Das Zitronengras und den Knoblauch kleinschneiden und pürieren.
2 Mit Tamari, Sesamöl, Pfeffer und Kokoscreme zu einer Marinade verrühren.
3 Die Schnitzel nach Grundrezept zubereiten und noch warm in die Marinade legen.
4 Zwei Tage kühl stellen und durchziehen lassen, einige Male wenden.
5 Die Schnitzel aus der Marinade nehmen, abtropfen, in Stücke schneiden, auf gewässerte Holzspieße stecken und auf beöltem Stein oder Rost grillen.
6 Die Kokossauce nach dem Rezept Seite 90 herstellen und zu den Spießchen reichen.

Unser Tip Zitronengras sind dünne, ca. 30 cm lange Stangen, die Sie in Asienläden erhalten. Ihr feines säuerliches Aroma verleiht Gerichten eine besondere Note.

Für 4 Personen

Zutaten
- 4 dicke Vegetarische Schnitzel (s. Rezept)

Marinade
- 3 Stangen Zitronengras
- 2 Knoblauchzehen
- 4 EL Tamari
- 2 EL Sesamöl
- 1/2 TL schwarzer Pfeffer
- 1 EL Kokoscreme (Asienläden)
- Kokossauce (s. Rezept S. 90)

Zeit: 45 Min.

Köstliche vegetarische Grillrezepte

Für 4 Personen

Zutaten
- 2 P Vega-Vita
- 150 g Sojaflocken
- 50 g Hefeflocken
- 1 Zwiebel
- abgeriebene Schale von 1/2 unbehandelten Zitrone
- 1 TL weißer Pfeffer
- 1 Bund Petersilie
- 200 g Tomatensaft
- 2 Knoblauchzehen
- 3 EL Öl
- 12 Wacholderbeeren

Zeit: 2 Std. 30 Min.

Grundrezept Vegabraten

Dieser Braten eignet sich, in dicke Scheiben geschnitten, für den ganz schnellen Grillspaß. Einfach jede Seite auf dem beölten Rost einige Minuten grillen und mit einer Sauce zu gegrillten Kartoffel- und Gemüsegerichten servieren.

1 Vega-Vita, Soja- und Hefeflocken gut verrühren.
2 Zwiebel und Zitronenschale mit Pfeffer und Petersilie im Mixer ganz fein pürieren.
3 Das Püree in einen Meßbecher geben, Tomatensaft zufügen und mit Wasser auf insgesamt 600 ml auffüllen.
4 Durchrühren und über die Flocken gießen, rasch verkneten und zu einem Kloß formen.
5 Die feingehackten Knoblauchzehen entweder mit in den Kloß verkneten oder mit dem Öl und den Wacholderbeeren in eine Kastenform legen.
6 Den Kloß in die Kastenform geben und bei 180 °C im Ofen 2 Stunden garen lassen.
7 Während der Garzeit einige Male mit etwas Öl beträufeln und nach 1 Stunde mit Alufolie abdecken.

Durch das Vega-Vita-Pulver, das zumeist mit Gewürzen versetzt ist und Bestandteile von Milcheiweiß enthält, läßt sich ein Teig optimal binden. Sie können also gut auf Eier verzichten.

Rouladen und Bratlinge

Rouladenspieße

Für 4 Personen

Zutaten
- Vegabraten (s. Rezept S. 52)
- 1 trockenes Brötchen
- 1 Zwiebel
- 1 EL Öl
- 1/2 Danga-Wurst mit grünem Pfeffer oder 100 g Tofu
- Pfeffer
- 2 Msp. Muskat
- 1/2 TL Paprika
- 2 EL Petersilie, gehackt

Zeit: 30 Min.

1 Vegabraten einen Tag vorher zubereiten.
2 Vom Braten 16 dünne Scheiben abschneiden und jeweils auf einer Seite mit etwas Senf bestreichen.
3 Brötchen in Wasser einweichen und ausdrücken.
4 Zwiebel fein hacken und in Öl glasig rösten.
5 Die halbe Danga-Wurst oder Tofu mit der Gabel zerdrücken, mit Muskat, Paprika, dem ausgedrückten Brötchen, der Zwiebel und der gehackten Petersilie verrühren.
6 Die Rouladen mit der Masse füllen, aufrollen und feststecken.
7 Je 3–4 Röllchen aufrollen, auf einen Spieß stecken und grillen.

Grundrezept Getreidebratlingsmasse

Für 4 Personen

Zutaten
- 300 g Dinkel oder Grünkern
- 300 g Mischgemüse wie Möhren, Lauch, Zucchini, Sellerie, Kohlrabi, Fenchel
- 2 EL Öl
- 1/2 l Wasser
- 150 g Joghurt
- 2 TL Salz
- 1 TL Pfeffer
- 1 EL Majoran
- 1 TL Thymian
- 3 Zwiebeln, mittelgroß
- 2 EL Petersilie, gehackt
- Knoblauch nach Geschmack
- Semmelbrösel
- Öl zum Ausbacken

Zeit: 45 Min.

1 Getreide mittelgrob schroten und aussieben.
2 Den mehligen Anteil zur Seite stellen.
3 Gemüse sehr klein schneiden oder raffeln, in etwas Öl oder Butter anrösten, Gewürze kurz mitschmoren, 5 Minuten zugedeckt ziehen lassen.
4 Schrot in etwas Öl rösten, etwa die Hälfte des Wassers dazugeben und unter Rühren bei geringer Hitze 5–10 Minuten köcheln lassen.
5 Bei Bedarf etwas Wasser zugießen, bis ein dicklicher Brei entsteht. Anschließend den Joghurt unter den Getreidebrei ziehen.
6 Das vorgedünstete Gemüse zugeben und alles mit den Gewürzen mischen.
7 Zwiebeln und Petersilie sehr klein hacken und untermischen.
8 Wenn die Masse zu flüssig ist, etwas von dem Mehl oder Semmelbrösel zugeben.
9 Die Bratlinge in beliebiger Größe formen und auf beiden Seiten knusprig grillen.

Unser Tip Diese Masse eignet sich auch vorzüglich zum Füllen von Gemüse.

Köstliche vegetarische Grillrezepte

Für 4 Personen

Rehburger
- 12 EL Wasser
- 6 EL Rehburger Bratlingsmasse (s. Nachweis S. 95)
- 2 große Zwiebeln
- 2–3 EL Getreideflocken
- 2 EL Petersilie, gehackt

Sojabratlingsmasse
- 125 g Sojasteakli
- 1 l Gemüsebrühe
- 2 große Zwiebeln
- 1–2 Knoblauchzehen
- 1 EL Petersilie, gehackt
- Salz, Pfeffer
- 1 Brötchen
- 2–3 EL Öl
- Schale von 1/2 Zitrone
- 1 TL Majoran (frisch)

Zeit: 60 Min.

Für 4 Personen

Zutaten
- Räuchertofu

Marinade
- 2 TL Salz, 1 TL Pfeffer
- 1 Knoblauchzehe
- 1 EL Majoran, gerebelt
- 1 Zweig Rosmarin
- 1 Zweig Liebstöckel
- 3 EL Tamari oder Maggi
- Sonnenblumenöl

Zeit: 30 Min.

Sojabratlinge

1 Wasser in eine Schüssel geben, Rehburger Bratlingsmasse zufügen und 20 Minuten quellen lassen.
2 Zwiebeln fein hacken und zugeben.
3 Getreideflocken mit etwas heißem Wasser überbrühen (oder Getreidereste verwenden), dann mit der Petersilie zur Masse geben.
4 Bratlinge formen oder als Füllung für Gemüse verwenden.

Sojabratlingsmasse
1 Die Sojasteakli in gut gewürzter Brühe 20–30 Minuten kochen und gut abtropfen lassen.
2 Mit Zwiebeln, Knoblauch und Petersilie durch den Wolf drehen oder mixen.
3 Brötchen in der heißen Brühe einweichen, ausdrücken und zur Masse geben.
4 Salz, Pfeffer, Öl, geriebene Zitronenschale und Majoran zugeben.
5 Gut vermischen.
6 Bratlinge formen und auf beöltem Grillstein oder Rost garen oder die Sojabratlingsmasse als Füllung für Gemüse verwenden.

Marinierter Räuchertofu

1 In ein verschließbares Gefäß Salz und Pfeffer streuen.
2 Knoblauchzehe schälen, in Scheibchen schneiden und dazugeben.
3 Majoran und Rosmarinblätter darüber verteilen.
4 In die Mitte den Liebstöckel legen und flüssige Würze nach Geschmack darüber geben.
5 Mit Öl 2 cm auffüllen.
6 Den selbstgeräucherten und abgekühlten Tofu dicht aneinandergeschichtet einlegen.
7 Die Oberfläche mit Salz und Pfeffer würzen.
8 Erneut Öl zufügen, bis der Tofu damit bedeckt ist. In der Schüssel kalt stellen.
9 Den Räuchertofu 2 Tage in der Marinade liegenlassen.
10 Das Gefäß während der Lagerungszeit wenden, damit sich die Gewürze gut verteilen.

Rund um die Raclette

Nach dem Originalrezept aus dem Schweizer Kanton Wallis hält man so lange einen halbierten Hartkäse mit der Schnittfläche über ein offenes Feuer, bis er an der Oberfläche zu schmelzen beginnt. Der weiche, geschmolzene Teil wird mit einem Messer auf einen vorgewärmten Teller abgestrichen. Dieser Vorgang des Abschabens hat dem Gericht seinen Namen gegeben, denn »Raclette« (französisch) bedeutet nichts anderes als »Spatel« oder »Schabeisen«.

Zur klassischen Raclette werden heiße Pellkartoffeln, Bauernbrot, Mixed Pickles, eingelegte Gurken und Perlzwiebeln serviert. Bei einer vegetarischen Raclette hingegen sollten folgende Zutaten auf dem Tisch stehen: Stangenweißbrot, Vollkornbaguette, verschiedene Tofuvarianten und Tofuwürstchen, kleingeschnittenes, eventuell vorgekochtes Gemüse, Dips und Mayonnaisen, Pilze, milchsaures Gemüse, Norialgen, schwarzer Pfeffer aus der Mühle, Paprika, Schabziger Klee, Kümmel, Zwiebelringe, eingelegte oder frische Knoblauchzehen, frische gehackte Kräuter, Oliven, Tamari. Der Kenner trinkt zur Raclette übrigens Tee.

Gemütliches Racletteessen zu Hause

Nur noch selten wird man das Glück haben, ein Racletteessen auf einer Schweizer Almhütte zu erleben. Bei der Raclette in einer kleinen Wohnung eines Hochhauses in der Großstadt X ersetzt das moderne Raclettegerät das offene Feuer, und jeder Teilnehmer zerläßt seine Portion in den dazugehörigen Raclettepfännchen. Diese modernen Geräte sind pflegeleicht, und es bleibt auch noch genug an Romantik. Es muß aber nicht immer eine original Schweizer Käseraclette sein. Ernährungsbewußte Zeitgenossen, die eine Raclette lieber etwas leichter verdaulich gestalten wollen, werden statt zu einem Kanten Käse lieber zu Gemüse, Pilzen und Tofu greifen.

Der Käse liefert uns hochwertiges Protein, das uns, in Maßen verwendet, leistungsfähig und fit sein läßt. Wenn dazu viel knackiges Gemüse, frischer Salat, etwas Hülsenfrüchte, Getreide oder Kartoffeln kommen, bieten wir dem Organismus alle Stoffe an, die er zum Funktionieren benötigt. Die Kräuter mit ihrem Reichtum an Vitaminen und Mineralstoffen werden ein übriges dazu beitragen, daß der Raclette- und Grillspaß in guter Erinnerung bleibt.

Köstliche vegetarische Grillrezepte

Für 4 Personen

Zutaten
- 1 kg Raclettekäse
- 1 kg Pellkartoffeln
- 1 Glas Mixed Pickles
- 1 Glas Perlzwiebeln
- 1 Glas Gewürzgurken
- schwarzer Pfeffer aus der Mühle
- Bauernbrot
- gemischter Salat

Zeit: 30 Min.

Grundrezept Raclette

1 Den Käse in 1/2 cm dicke Scheiben schneiden oder den Käse im Stück auf den Tisch stellen, und jeder Gast schneidet sich pfännchengerechte Portionen ab und legt ihn in sein Pfännchen.

2 Die Pfännchen in die Raclettezone stellen und den Käse einige Minuten schmelzen lassen.

3 Inzwischen die bereitgestellten Beilagen verteilen.

4 Wenn sich eine leichte Haut gebildet hat, den Käse auf die Teller gleiten lassen.

5 Nach Geschmack mit Pfeffer würzen.

6 Dazu paßt frisches Bauernbrot und ein buntgemischter Salat.

Unser Tip Die Teller sollten unbedingt vorgewärmt werden, damit der Käse geschmeidig bleibt und nicht so schnell erkaltet.
Neben sauer eingelegtem Gemüse, Mayonnaisen, Dips und Saucen können Sie auch alle Arten von Rohkost zum Raclettekäse reichen. Das schmeckt nicht nur, sondern ist zudem auch noch besonders gesund.

Die Käsegruppen geben Hinweise auf die Konsistenz des Produktes. Sie unterscheiden sich im Wassergehalt der fettfreien Käsemasse. Raclettekäse gehört zu der Sorte der festen Schnittkäse, d.h., sein Wasseranteil liegt zwischen 54 und 63 Prozent.

Raclette ohne Käse

Hamburger Raclette mit Ananas

1 Sojabratlingsmasse nach Rezept vorbereiten.
2 Aus der Masse flache Küchlein in Größe der Raclettepfännchen formen.
3 Die Hamburger in heißer Margarine oder Butter in einer Pfanne auf beiden Seiten hellbraun braten.
4 Die Bratlinge auf die Pfännchen verteilen und erhitzen.
5 Ananasscheiben darauf legen und den Käse darüber schmelzen lassen.
6 Dazu aufgebackenes Baguette oder Pellkartoffeln reichen.
7 Dazu passen alle Arten knackiger Salate.

Für 4 Personen

Zutaten
- Sojabratlingsmasse (s. Rezept S. 54)
- 40 g Butter oder Margarine
- 4 Scheiben frische Ananas
- Raclettekäse
- Baguette oder 1 kg Pellkartoffeln

Zeit: 60 Min.

Tofuraclette

1 Die Kartoffeln bürsten und in kochendem Wasser garen.
2 Die Paprikaschoten putzen und klein würfeln.
3 Die Zwiebel schälen und kleinhacken.
4 Die Knoblauchzehe durch die Presse drücken.
5 Öl oder Butter erwärmen und alle Zutaten glasig rösten.
6 Räuchertofu in kleine Würfel schneiden und beide Zutaten gesondert in Schüsseln auf den Tisch stellen.
7 Die Teilnehmer bedienen sich, verteilen die Zutaten in den Pfännchen und lassen den Käse darüber schmelzen.
8 Dazu die Pellkartoffeln servieren.

Unser Tip Statt Raclettekäse kann auch eine Kräutersauce (s. S. 91) zum Überbacken verwendet werden. Sie können aber auch eine andere, leicht schmelzende Käsesorte für die Raclette verwenden, denn Raclettekäse ist relativ teuer. Gut eignet sich z. B. auch Scheiblettenkäse. Als Beilage empfiehlt sich ein frischer Salat. In alter schweizer Tradition werden Kartoffeln zum Raclette serviert.

Für 4 Personen

Zutaten
- 1 kg Kartoffeln
- 1 rote Paprikaschote
- 1 grüne Paprikaschote
- 1 Zwiebel
- 1 Knoblauchzehe
- 1 EL Öl oder Butter
- 300 g Räuchertofu
- Raclettekäse
- schwarzer Pfeffer aus der Mühle

Zeit: 40 Min.

Köstliche vegetarische Grillrezepte

Für 4 Personen

Zutaten
- 4 Wakamealgen
- 1 TL Gemüsebrühe, gekörnt
- 300 g Räuchertofu
- 2 Frühlingszwiebeln
- 5 EL Semmelbrösel
- schwarzer Pfeffer aus der Mühle
- etwas abgeriebene unbehandelte Zitronenschale
- 2 EL Margarine
- 1 Bund Basilikum

Zeit: 30 Min.

Raclette maritim

1 Die Algen 30 Minuten in wenig Wasser einweichen.
2 Gemüsebrühe zufügen und im Einweichsud kurz aufkochen.
3 Algen herausnehmen und sehr klein hacken oder mixen.
4 Räuchertofu mit der Gabel zermusen oder mixen.
5 Frühlingszwiebeln mitmixen oder sehr klein hacken.
6 Kochsud und Semmelbrösel zufügen und mit Pfeffer und Zitronenschale abschmecken.
7 Basilikum kleinhacken und gesondert servieren.
8 Margarine in den Pfännchen schmelzen lassen, die Tofumasse darin glattstreichen, Margarineflöckchen darüber verteilen und braten.
9 Auf die vorgewärmten Teller gleiten lassen und mit Basilikumblättchen bestreuen und einen Klacks Mayonnaise darüber geben.
10 Dazu frischen gemischten Salat und französisches Baguette servieren.

Für 4 Personen

Zutaten
- 300 g Auberginen
- 300 g Zucchini
- 3 Tomaten
- 1 rote Paprikaschote
- 4 Knoblauchzehen
- 3 EL Olivenöl
- 1 EL Gemüsebrühe, gekörnt
- schwarzer Pfeffer aus der Mühle
- Raclettekäse
- Baguette

Zeit: 40 Min.

Ratatouilleraclette

1 Auberginen und Zucchini waschen und in mittelgroße Würfel schneiden.
2 Tomaten heiß überbrühen, häuten und vierteln.
3 Die Paprikaschote entkernen und in kleine Würfel schneiden.
4 Knoblauchzehen schälen und durchpressen.
5 Öl in einer Pfanne erhitzen.
6 Gemüse und Knoblauch zufügen und 30 Minuten dünsten.
7 Zum Schluß die Gemüsemischung mit gekörnter Gemüsebrühe und Pfeffer abschmecken.
8 Den Raclettekäse in 1/2 cm dicke Scheiben schneiden.
9 Das heiße Ratatouille und die Käsescheiben in Schüsseln auf den Tisch stellen.
10 Das Ratatouille portionsweise auf die vorgewärmten Teller geben.
11 Den Käse in den Pfännchen schmelzen lassen und über das Ratatouille gleiten lassen.
12 Dazu knusprig aufgebackenes Stangenweißbrot servieren.

Champignonraclette

1 Champignons säubern und feinblättrig schneiden, in eine Schüssel geben.
2 Petersilie waschen und kleinhacken, in ein Schälchen geben. Raclettekäse in 1/2 cm dicke Scheiben schneiden.
3 Butter in den Pfännchen schmelzen lassen.
4 Champignons zusammen mit der Petersilie weich dünsten, Pfännchen herausnehmen.
5 Gekörnte Brühe und Pfeffer darüber streuen, den Käse darauf legen und schmelzen lassen.
6 Dazu frisches, knusprig aufgebackenes Stangenweißbrot servieren.

Unser Tip Statt Champignons können Sie auch Pfifferlinge, Steinpilze oder Austernpilze verwenden.

Für 4 Personen

Zutaten
- 200 g Champignons
- 1 Bund Petersilie
- Raclettekäse
- 4 TL Butter
- 1 TL Gemüsebrühe, gekörnt
- schwarzer Pfeffer
- Baguette

Zeit: 20 Min.

Artischockenraclette

1 Von den Artischocken den Stiel abbrechen – nicht abschneiden –, das obere Drittel abschneiden und waschen.
2 Die unteren Blätter abbrechen und den Boden abschneiden. Die Schnittflächen mit einer halbierten Zitrone einreiben. Die harten Blattspitzen mit einer Schere kappen.
3 In einem großen Topf Salzwasser zum Kochen bringen, die Zitronenhälften auspressen und mit den Artischocken zugeben.
4 Ca. 30–40 Minuten köcheln lassen. (Wenn sich ein Blatt leicht herausziehen läßt, sind sie gar.) Abtropfen lassen. Inzwischen die Misocreme zubereiten.
5 Zur Vorspeise am Tisch die Blätter abzupfen, in den Dip tauchen und vom Blatt beißen.
6 Die inneren Blättchen und das Heu entfernen und den Boden in die bebutterten Pfännchen legen, kurz anbraten. Käse darüber legen und schmelzen lassen.
7 Mit Pfeffer bestäuben und knuspriges Stangenweißbrot dazu reichen.

Für 4 Personen

Zutaten
- 4 große, runde Artischocken
- 1 Zitrone
- Salz
- milder Raclettekäse
- 40 g Butter
- schwarzer Pfeffer
- französisches Weißbrot

Dip
- 200 g Crème fraîche
- 1 EL Miso

Zeit: 60 Min.

Köstliche vegetarische Grillrezepte

Für 4 Personen

Zutaten
- 1 l Milch
- 1 Becher Joghurt
- Zitronensaft nach Bedarf

Zeit: 15 Min.

Paneer (indischer Frischmilchkäse)

Dieser Frischmilchkäse eignet sich hervorragend zum Grillen. Entweder in Scheiben geschnitten auf den beölten Rost legen, salzen, pfeffern und grillen – oder in Würfel geschnitten, ebenfalls gesalzen und gepfeffert auf Spieße stecken und grillen.

1 Falls frische Bauernmilch verwendet wird, die Milch am Vortag auf ca. 60 °C erhitzen und abkühlen lassen.
2 Ein Sieb mit einem feinmaschigen, dünnen Baumwolltuch (Musselin) auslegen.
3 Milch zum Kochen bringen. Beim Aufwallen Joghurt vorsichtig einrühren, bis das Milcheiweiß gerinnt. (Bei sehr mildem Joghurt einige Tropfen Zitronensaft unterrühren.)
4 Ist die Molke leicht grünlich, sofort abseihen und den Käse mit Hilfe des Musselins zum Laib formen.
5 Abkühlen lassen.

Unser Tip Wer den Geschmack von Schabziger Klee mag, kann den gegrillten Käse reichlich damit bestäuben.

Für 4 Personen

Zutaten
- 1 große Zucchini
- Räuchersalz
- Pfeffer
- 12 Salbeiblätter
- 12 Liebstöckelblätter
- 12 Zitronenmelisseblätter
- 12 Lindenberger Scheiblettenkäse
- Öl

Zeit: 15 Min.

Zucchini-Cordon-bleu

1 Zucchini waschen, in 24 Stück gleich große Scheiben zu je 1/2 cm Dicke schneiden, salzen und pfeffern.
2 Auf einer Seite etwa 2–3 Minuten grillen, bis sie leicht gebräunt sind.
3 Die Zucchinischeiben wenden und auf die gegrillte Seite je ein Salbei-, Liebstöckel- und Zitronenmelisseblatt legen.
4 Je eine Käsescheiblette darauf geben.
5 Auf beiden Seiten grillen, bis der Käse geschmolzen ist. (Vorsichtig mit einem Pfannenheber wenden!)
6 Als Beilage zum Zucchini-Cordon-bleu können Sie Reis, Kartoffeln oder gekochtes Getreide servieren. Auch Salat paßt gut dazu.

Käse zum Füllen und Überbacken

Camembert in Roggenkruste

1 Roggen sehr fein mahlen, mit dem Weizenmehl und Trockenhefe gut vermischen.
2 Das lauwarme Wasser, Kürbiskerne, Kümmel, Salz und Olivenöl zufügen.
3 Gut kneten, bis ein geschmeidiger Teig entsteht.
4 Den Teig in eine bemehlte Schüssel geben und an einem warmen Ort gehen lassen.
5 Nachdem der Teig aufgegangen ist, auf einer bemehlten Fläche durchkneten und zu einer Rolle formen.
6 Von der Teigrolle 12 gleich große Stücke abschneiden und jedes zu einer Kugel formen.
7 Die Arbeitsfläche mit Mehl bestäuben und mit dem Nudelholz aus den Kugeln kleine, runde Teile auswellen.
8 Die Camemberts vierteln, jeweils ein Stück Käse in die Mitte des Teilchens plazieren, den Teig darüber klappen und festdrücken. (Es darf keine Lücke entstehen.)
9 Die Brötchen nochmals gehen lassen. Ein Kuchenblech einölen, auf den Grill stellen und die Brötchen darauf backen. Mit Butter und Preiselbeermarmelade servieren.

Für 4 Personen

Brötchenteig
- 350 g Roggenfeinschrot
- 150 g Weizenmehl Type 1050
- 1 Päckchen Trockenhefe
- 1/4 l Wasser, lauwarm
- 50 g Kürbiskerne, kleingehackt
- 1/2 TL Kümmel, gemahlen
- 1 TL Salz
- 2 EL Olivenöl
- 4 Stück Camembert, fest (z.B. Alpenhain)
- Butter
- Preiselbeermarmelade

Zeit: 40 Min.

Gefüllte Champignons

1 Champignons säubern, die Stiele herausdrehen und die Pilzkappen aushöhlen.
2 Öl in einer Pfanne erhitzen und die Champignons mit der ausgehöhlten Seite nach unten anbraten; wieder herausnehmen.
3 Schalotte schälen und mit Champignonstielen und dem Ausgehöhlten sehr klein hacken.
4 Die Mischung in das heiße Öl geben und 5 Minuten braten.
5 Petersilie und Basilikum durch die Kräutermühle drehen oder sehr klein hacken, mit den Gewürzen und Semmelbröseln zugeben und gut verrühren.
6 Pilze salzen und pfeffern, mit der Masse füllen.
7 Käse darüber streuen.
8 Die gefüllten Champignons ca. 5 Minuten fertiggrillen.

Für 4 Personen

Zutaten
- 8 Riesenchampignons
- 2 EL Olivenöl
- 1 Schalotte
- 2 Msp. Knoblauchpulver
- 1/2 Bund Basilikum
- 1/2 Bund Petersilie
- 1/2 TL Oregano, getrocknet
- Salz und Pfeffer
- 2 EL Semmelbrösel
- 100 g Käse, gerieben

Zeit: 20 Min.

Köstliche vegetarische Grillrezepte

Für 4 Personen

Zutaten

- 4 Fleischtomaten
- 1 Bund Basilikum
- 1/2 Bund Petersilie
- 1 Zweig Rosmarin
- 1 Zweig Thymian
- 1 Knoblauchzehe
- 100 g Mozzarella
- 50 g Semmelbrösel
- Salz, Pfeffer
- 1 EL Olivenöl

Zeit: 20 Min.

Für 4 Personen

Zutaten

- 2 mittelgroße oder 4 kleine Zucchini
- Salz, Pfeffer

Füllung

- 1 altbackenes Brötchen
- 1 Bund Petersilie
- 1 TL Majoran, gerebelt
- 1 Zweig Zitronenmelisse
- 1 Zweig Liebstöckel
- 5 EL Corn-flakes
- 100 g Käse, gerieben
- 3 EL Pflanzenöl

Zutaten (Variante)

1 Tasse Reis, 1 Zwiebel, Bohnenkraut, 6 Salbeiblätter, Basilikum, Liebstöckel, Petersilie, 100 g Lindenberger Käse, Paprika

Zeit: 25 Min.

Grilltomaten mit Kräutern

1 Tomaten waschen und Kappen abschneiden, mit einem Teelöffel das Fruchtfleisch entfernen, ohne die Tomatenhaut zu beschädigen.
2 Kräuter waschen, trockenschleudern und durch die Kräutermühle drehen.
3 Knoblauchzehen schälen und durch die Presse drücken.
4 Mozzarella abtropfen lassen, würfeln, salzen und pfeffern.
5 Alle Zutaten mischen, die ausgehöhlten Tomaten mit der Käse-Kräuter-Mischung füllen und die Kappe aufsetzen.
6 Bei schwacher Glut 10–15 Minuten grillen.
7 Stangenweißbrot dazu reichen.

Gefüllte Zucchini

Zucchini halbieren, aushöhlen, salzen und pfeffern.

Füllung

1 Brötchen in heißem Wasser 10 Minuten einweichen.
2 Inzwischen das Ausgehöhlte sehr klein hacken.
3 Die frischen Kräuter waschen, trocknen und durch die Kräutermühle drehen.
4 Das Brötchen ausdrücken, die zerbröselten Corn-flakes, Majoran, frische Kräuter und Käse zugeben und vermischen.
5 Die Zucchini damit füllen.
6 Auf dem beölten Grillstein oder in Alufolie verpackt auf beiden Seiten 8 Minuten grillen.

Variante

Zucchini mit einer Reis-Kräuter-Mischung füllen.

1 Reis mit kleingeschnittener Zwiebel und 2 Tassen Wasser halbgar dünsten.
2 Anschließend das Ausgehöhlte der Zucchini mit sämtlichen geputzten und kleingehackten Küchenkräutern vermengen und die Masse in die vorbereiteten Zucchini füllen.
3 Die Zucchinischiffchen mit Käse bestreuen und mit Paprika bestäuben.
4 Auf dem beölten Grillstein oder in Alufolie grillen.

Grillvergnügen mit Gemüse

Knackig gegrilltes Gemüse

Hier sind die Vegetarier in ihrem Element. Es ist unglaublich, wie viele Gemüsesorten gegrillt werden können!
Die Menge des Gemüses richtet sich ganz nach Ihrem Appetit und danach, ob Sie z. B. gefülltes Gemüse als Hauptgang oder Gemüse als Beilage anbieten wollen. Für einen Hauptgang benötigen Sie ungefähr die doppelte Menge wie für eine Vorspeise.
Viele der nachstehenden Rezepte lassen sich gut vorbereiten, damit auch die Gastgeber das Fest genießen können.

Lassen Sie sich inspirieren...

Bei diesem Kapitel sind ganz besonders Einfallsreichtum und Kreativität gefragt.
Die Rezepte auf den folgenden Seiten verstehen sich als Anregung zum Weiterexperimentieren und Umgestalten, um den eigenen Vorlieben Raum zu lassen. Kombinieren Sie Ihre Lieblingsgemüsesorten mit den Füllungen, die Ihnen am besten schmecken.

Ein Grillstein ist besonders zum Grillen von Gemüse die ideale Ausrüstung. Falls Sie keinen haben, ist es ratsam, eingeölte Alufolie unter das Grillgut zu legen. Sparsam, versteht sich – und nach dem Grillen recyceln!

Gemüse in allen Variationen: Gemüse gegrillt entfaltet oft ungeahnte Geschmacksrichtungen. Probieren Sie es aus! Um die Vitamine in Obst und Gemüse zu erhalten, sollten die Produkte möglichst wenig gewaschen und nur kurz erhitzt werden.

Köstliche vegetarische Grillrezepte

Gemüsegrillteller

Für 4 Personen

Zutaten
- 2 kleine Fenchelknollen
- 1 Aubergine
- 1 Zucchini
- 2 Maiskolben
- 1 Bund Frühlingszwiebeln
- 1 Zweig Rosmarin
- Öl
- Gemüsebrühe, gekörnt
- Salz
- schwarzer Pfeffer

Zeit: 20 Min.

1 Fenchel putzen, in Salzwasser knackig garen und achteln.
2 Aubergine waschen, Stielansatz entfernen und in 1 cm dicke Scheiben schneiden.
3 Zucchini waschen, Blüten- und Stielansatz wegschneiden, schräg in 1 cm dicke Scheiben schneiden.
4 Die Maiskolben sorgfältig von ihren Blättern und den Haaren befreien.
5 Frühlingszwiebeln waschen, die Wurzelansätze und matten Blätter entfernen.
6 Das vorbereitete Gemüse mit Öl bepinseln, Auberginen- und Zucchinischeiben mit Rosmarinbättern bestreuen, das Gemüse auf den Rost legen und knackig grillen.
7 Vor dem Servieren mit gekörnter Gemüsebrühe, Salz und Pfeffer bestäuben.

Tomaten mit Brokkoli

Für 4 Personen

Zutaten
- Brokkoliröschen, ca. 5 cm groß
- 4 große Fleischtomaten
- 1 TL Gemüsebrühe, gekörnt
- 12 große Austernpilze
- Salz, Pfeffer
- 1 EL Butter
- Öl

Zeit: 20 Min.

1 Brokkoli in kochendem Salzwasser, dem etwas Natron zugegeben wurde, knackig garen.
2 Tomaten waschen, Kappe abschneiden, aushöhlen, ohne dabei die Tomatenhaut zu beschädigen, und mit der gekörnten Gemüsebrühe würzen.
3 Die Austernpilze, wenn nötig, vorsichtig mit Haushaltspapier säubern, den Wurzelansatz wegschneiden, auf einen Teller legen und salzen und pfeffern.
4 Tomaten auf beölte Alufolie setzen, die Brokkoliröschen in die Tomaten legen.
5 Die Folie fest um die Tomaten herum verschließen. Seitlich auf dem Rost bei geringer Hitze 10 Minuten grillen.
6 Unterdessen die Austernpilze mit Öl bepinseln und auf jeder Seite knusprig grillen, halbieren.
7 Die Folie öffnen, die Austernpilze um die Brokkoliröschen in die Tomaten stecken, Butterflöckchen auf den Brokkoli setzen und servieren.
8 Pumpernickel mit Butter oder knuspriges französisches Baguette dazu servieren.

Gefülltes Gemüse

Gefüllte Zucchiniblüten

1 Die Zucchiniblüten nur bei Bedarf säubern (nicht waschen!).
2 Champignons mit einem feuchten Haushaltstuch abreiben, Stielansätze wegschneiden und würfeln.
3 Etwas Olivenöl in einer Pfanne erhitzen, die Champignonwürfel kurz anbraten, salzen und pfeffern.
4 Semmelbrösel zufügen, dann alles abkühlen lassen.
5 Frischkäse untermischen.
6 Die Blüten vorsichtig öffnen, mit der Mischung füllen und die Blütenspitzen zudrehen.
7 Alufolie mit Olivenöl einpinseln, die Zucchini darauf legen und die Ränder etwas hochknicken. Ca. 8 Minuten garen.

Für 4 Personen

Zutaten
- 8–12 Zucchiniblüten

Füllung
- 300 g Champignons
- Olivenöl
- Salz, Pfeffer
- 3 EL Semmelbrösel
- 1 P Robiolafrischkäse mit Kräutern

Zeit: 25 Min.

Auberginenrollen mit Spinat

1 Auberginen schälen, der Länge nach in Scheiben schneiden, salzen, aufeinanderschichten und ca. 10 Minuten ziehen lassen.
2 Die Scheiben mit Küchenpapier trockentupfen und pfeffern.
3 Öl in einer Pfanne erhitzen und die Auberginen kurz auf beiden Seiten braten.
4 Spinat, Brennesseln, Bärlauch und Liebstöckel verlesen, waschen und im Sieb gut abtropfen lassen.
5 Kurz blanchieren und abtropfen lassen.
6 Sehr fein hacken, mit Muskat und Gemüsebrühe würzen. Die Corn-flakes zu Bröseln zerdrücken, zum Spinat geben und gut verrühren.
7 Die Auberginenscheiben nebeneinander auf ein Brett legen, die Spinatmischung gleichmäßig darauf verteilen, die Auberginenscheiben aufrollen und mit einer Rouladennadel feststecken.
8 Mit Öl bepinseln und auf allen Seiten knusprig grillen.

Unser Tip Die Auberginenscheiben können am Vortag zubereitet werden, der Wildkräuterspinat muß frisch zubereitet und darf nicht wieder aufgewärmt werden.

Für 4 Personen

Zutaten
- 2 große Auberginen
- Salz, Pfeffer
- Olivenöl

Füllung
- 1 kg Blattspinat
- 500 g Brennesseln
- 200 g Bärlauch
- 1–2 Zweige Liebstöckel
- 1/2 TL Muskat
- 2 TL Gemüsebrühe, gekörnt
- 5 EL Corn-flakes

Zeit: 25 Min.

Köstliche vegetarische Grillrezepte

Für 4 Personen

Zutaten

- 6 EL Rehburger Bratlingsmasse (s. Nachweis S. 95)
- 12 EL Wasser
- 4 große Zwiebeln
- 2 EL Sojaflocken
- 2 EL Petersilie, gehackt

Zeit: 40 Min.

Grillzwiebeln gefüllt

1 Rehburger Bratlingsmasse zum Wasser geben und 20 Minuten quellen lassen. Inzwischen die Zwiebeln mit der Schale 20 Minuten in Salzwasser kochen.
2 Etwas abkühlen lassen, halbieren und bis auf 2 Schalen aushöhlen.
3 Das Zwiebelinnere hacken, zur Bratlingsmasse geben.
4 Mit den Sojaflocken und der gehackten Petersilie vermischen.
5 Die Zwiebeln füllen.
6 Alufolie mit Öl bepinseln, die Zwiebeln in die Mitte plazieren, die Folie fest zudrehen.
7 10 Minuten auf dem Grill garen und servieren.
8 Dazu passen sehr gut Kartoffelplätzchen.

Steckrüben mit Maronenpüree

Für 4 Personen

Zutaten

- 8 kleine Steckrübchen
- 2 l Wasser
- 2 TL Gemüsebrühe, gekörnt
- 2 Lorbeerblätter
- 1/2 unbehandelte Zitrone

Füllung

- 750 g Maronen aus dem Glas
- 50 g Butter
- Salz, Pfeffer
- 4 EL Sahne

Zeit: 55 Min.

1 Steckrüben waschen, schälen und halbieren.
2 Wasser zum Kochen bringen, Gemüsebrühe und Lorbeerblätter zufügen.
3 Die Rübenhälften ins Wasser geben und ca. 40 Minuten köcheln lassen.
4 Zitronenschale abreiben und die Hälfte davon mit den Rüben 10 Minuten ziehen lassen.
5 Inzwischen die Maronen durch den Fleischwolf drehen.
6 Salz, Pfeffer, Butter, die restliche Zitronenschale und -saft, sowie die Sahne zufügen und alles gut miteinander verrühren.
7 Die Masse in eine große Tortenspritze füllen.
8 Die Steckrübchen abtropfen lassen und aushöhlen.
9 Die übrige Zitronenhälfte auspressen und den Saft über die Rüben verteilen.
10 Maronenmasse in die Rübchenhälften spritzen.
11 Alufolie mit Öl einpinseln, jede Rübe einzeln verpacken und ca. 7 Minuten grillen.
12 Das Ausgehöhlte auf den Grillstein oder Rost legen, würzen und separat garen.

Variation: Statt Rüben Sellerie oder rote Bete verwenden.

Möhrenmedaillons

1 Die Möhren säubern, von der dicken Seite her jeweils 2–3 cm lange Stücke abschneiden; die Reste anderweitig verwenden.
2 Kräftig gewürzte Gemüsebrühe zum Kochen bringen, die Möhrenmedaillons dazugeben und 5–10 Minuten kochen.
3 Aus der Brühe nehmen, vorsichtig 1 cm tief aushöhlen und salzen.
4 Petersilie waschen und sehr klein schneiden, mit der Danga-Wurst verrühren.
5 Karottenstücke damit füllen.
6 Alufolie mit Öl einpinseln, die Karottenmedaillons verpacken und kurz grillen.

Für 4 Personen

Zutaten
- 8 sehr große Möhren
- 1/2 l Gemüsebrühe
- Salz
- 1/2 Bund Petersilie
- 200 g Danga-Wurst mit grünem Pfeffer

Zeit: 20 Min.

Pilz-Gemüse-Spieße

1 Champignons mit einem feuchten Tuch säubern, die Stielenden abschneiden.
2 Stiel- und Blütenansatz der Zucchini abschneiden, die Zucchini in 2 cm dicke Scheiben schneiden.
3 Aubergine waschen, trocknen und in mundgerechte Stücke schneiden.
4 Zucchini- und Auberginenstücke auf einer Seite mit Kräuteröl bepinseln, bei Bedarf salzen und pfeffern.
5 Rosmarin und Thymian kleinschneiden und auf einen flachen Teller geben, die beölte Seite der Gemüsestücke darin eintunken.
6 Paprikaschote entkernen und in gleich große Stücke schneiden.
7 Sämtliche Gemüsestücke in bunter Reihenfolge auf Spieße stecken, salzen und pfeffern.
8 Reichlich mit Kräuteröl bepinseln.
9 Die Spieße von allen Seiten grillen, mit Zitronensaft beträufeln und servieren.

Unser Tip Reichen Sie zu den Pilz-Gemüse-Spießen entweder frisches, knuspriges französisches Weißbrot oder körnigen Reis, z. B. Naturreis.

Für 4 Personen

Zutaten
- 16 Champignonköpfe, mittelgroß
- 2 kleine Zucchini
- 1 Aubergine
- 1 große Paprikaschote, rot
- Kräuteröl
- Kräutersalz
- weißer Pfeffer
- 1 Zweig Rosmarin
- 1 Zweig Thymian
- Saft von 1 Zitrone

Zeit: 25 Min.

Köstliche vegetarische Grillrezepte

Grünkernbratlinge auf Sellerieschnitzel

Für 4 Personen

Zutaten für Bratlinge
- 300 g Grünkern
- 1 Zwiebel, mittelgroß
- Öl
- etwa 1/2 l Wasser
- 100 g Suppengemüse, getrocknet
- 250 g Quark
- 1 Bund Petersilie
- 2 TL Salz
- 1 TL Pfeffer
- 1 EL Majoran
- 1 TL Thymian
- Knoblauch nach Geschmack
- Semmelbrösel nach Bedarf

Sellerieschnitzel
- 2 Sellerieknollen
- Salzwasser zum Kochen
- Salz, Pfeffer
- Öl
- Kräuterbutter

Zeit: 70 Min.

1 Getreide mittelgrob schroten und aussieben, den mehligen Anteil zur Sauce verwenden.
2 Zwiebel kleinhacken.
3 Schrot und Zwiebeln in etwas Öl rösten, die Hälfte des Wassers und das Suppengemüse dazugeben und unter Rühren bei geringer Hitze 5–10 Minuten köcheln lassen.
4 Wasser zugießen, bis ein sehr fester Brei entsteht.
5 Quark zufügen.
6 Petersilie durch die Kräutermühle drehen und mit sämtlichen Gewürzen untermischen. Semmelbrösel zufügen.
7 Bratlinge formen und entweder im Backofen auf einem gut gefetteten Backblech bei 180 °C ca. 45 Minuten backen oder in der Pfanne ausbacken, dabei ab und zu wenden.

Sellerieschnitzel
1 Sellerieknollen gut bürsten und in Salzwasser al dente garen, schälen, in 1 cm dicke Scheiben schneiden und mit Salz und Pfeffer einreiben.
2 Mit Öl bepinseln und auf beiden Seiten kurz grillen.
3 Die vorbereiteten Bratlinge ebenfalls kurz auf den Grillstein oder Rost legen.
4 Jeweils einen Bratling auf eine gebratene Selleriescheibe legen, Kräuterbutter darauf geben und servieren.

Bratlinge müssen nicht aus Hackfleisch zubereitet werden: Der Beweis dafür sind die köstlichen Grünkernbratlinge auf Sellerieschnitzel. Ihrer Kreativität, Variationen zu finden, sind hier keine Grenzen gesetzt.

Gefüllte Schmorgurken und Artischocken

Schmorgurken gefüllt

Für 4 Personen

Zutaten
- 2 Salatgurken
- 1 Bund Frühlingszwiebeln
- 1 Zweig Dill
- 1 Dose Champignons
- 4 EL Crème fraîche
- 1 TL Gemüsebrühe, gekörnt
- 1/2 TL schwarzer Pfeffer
- 2 EL Öl

Zeit: 25 Min.

1 Die Gurken schälen, der Länge nach halbieren und etwas aushöhlen.
2 Die Frühlingszwiebeln sehr klein hacken.
3 Den Dill kleinschneiden.
4 Die Champignons waschen, Stiele entfernen und blättrig schneiden. Abtropfen lassen und kleinschneiden.
5 Die Crème fraîche glattrühren und mit Gemüsebrühe und Pfeffer mischen.
6 Die kleingehackten Zutaten zusammen mit dem Ausgehöhlten der Gurke zufügen und verrühren.
7 Die Gurkenhälften mit der Masse füllen.
8 Die Hälften in beölte Alufolie einpacken und auf dem Grillstein oder Rost ca. 10 Minuten garen.

Artischockenböden mit Pilzfüllung

Für 4 Personen

Zutaten
- 500 g Champignons
- 1 EL Öl
- 1 TL Gemüsebrühe, gekörnt
- 1/4 TL Pfeffer
- 2 EL Mehl
- 4 EL Sahne
- 1/2 Bund Petersilie
- 8 Artischockenböden

Zeit: 25 Min.

1 Champignons waschen, Stiele entfernen, blättrig schneiden und in einer Pfanne in Öl bei großer Hitze anbraten.
2 Die Gemüsebrühe und den Pfeffer dazugeben und 10 Minuten bei wenig Hitze zugedeckt schmoren lassen.
3 Mit Mehl bestäuben und gut verrühren, Sahne zufügen und unter Rühren kurz aufkochen lassen.
4 Petersilie waschen, trocknen, sehr klein hacken und zu den übrigen Zutaten unterrühren.
5 Die Artischockenböden waschen, abtropfen lassen und auf der ausgehöhlten Seite kurz grillen.
6 Pilzfüllung darauf verteilen, nochmals kurz auf den Grill geben und in einigen Minuten fertiggaren.

Unser Tip Die Pilz-Sahne-Sauce kann maximal einen Tag aufbewahrt werden. Möchte man dies tun, sollte man sie zubereiten, so rasch wie möglich abkühlen lassen und in den Kühlschrank stellen.

Frühlingsrolle mit Shiitake

Für 4 Personen

Zutaten
- 2 Frühlingszwiebeln
- 2 Möhren
- 4 Blätter Chinakohl
- 4 Shiitake-Pilze
- 500 g Sojasprossen
- 1/4 TL Curry
- Salz, Pfeffer
- Öl
- 16 Reisblätter für Frühlingsrollen

Zeit: 25 Min.

1 Frühlingszwiebeln längs halbieren und in feine Streifen schneiden.
2 Die Möhren säubern und raspeln, Chinakohl und Pilze in dünne Streifen schneiden.
3 Öl in einer Pfanne erhitzen, Shiitake kurz anrösten und wieder aus der Pfanne nehmen, zur Seite stellen.
4 Das Gemüse mit den Sojasprossen unter Rühren bißfest garen, würzen und die Pilze zufügen.
5 Die Reisblätter einzeln in heißes Wasser legen, kurz einweichen lassen.
6 Für jede Rolle 2 Blätter aufeinanderlegen und füllen.
7 Die Seiten einschlagen und zusammenrollen.
8 Öl erhitzen, die Frühlingsrollen von allen Seiten gut anbraten und kühl stellen.

Unser Tip Diese Vorbereitung kann einen Tag vor dem Grillfest stattfinden. Die Frühlingsrollen auf jeder Seite 5 Minuten bei mäßiger Hitze fertiggrillen.

Kohlrouladen

Für 4 Personen

Zutaten
- 1 Chinakohl
- 1 EL Öl

Füllung
- Soja- oder Getreidebratlingsmasse (s. Rezept S. 53)
- 1 Bund Petersilie, gehackt

Zeit: 20 Min.

1 Vom Chinakohl 12 äußere Blätter abtrennen und kurz in siedendes Wasser tauchen.
2 Die restlichen Chinakohlblätter kleinschneiden und in Öl kurz anbraten.
3 Die Soja- oder Getreidebratlingsmasse nach Grundrezept zubereiten, den angebratenen Kohl und die gehackte Petersilie zugeben.
4 Auf jedes Kohlblatt am breiten Ende 2–3 EL Füllung geben, seitlich einschlagen und aufrollen.
5 Die Kohlrouladen in Öl von allen Seiten anbraten, erkalten lassen.

Unser Tip Die Kohlrouladen können 1–2 Tage vorher zubereitet werden. Bei mäßiger Hitze auf dem Stein oder Grill braten, dabei öfters wenden.

Grillspaß mit der tollen Knolle

Hin und wieder ein Kartoffelgericht mit Quark, Tofu oder Joghurt kann dabei helfen, lästige Pfunde zu reduzieren. Denn das fett- und nitratarme Gemüse wirkt neben der Anregung des Eiweißstoffwechsels entwässernd und fördert die Verdauungstätigkeit. Günstig ist ein »Kartoffeltag« pro Woche auch für Menschen, die zu hohem Blutdruck neigen, unter Gicht oder Diabetes leiden, da die Kartoffel ein hoher Kaliumträger ist. Und eine kaliumreiche Kost kann – längerfristig betrachtet – den Blutdruck senken.

Besondere Köstlichkeiten – Kartoffeln vom Grill

Die Schale wird schön knusprig und das Kartoffelfleisch angenehm mehlig. Verwenden Sie mehligkochende Kartoffeln! Wenn Sie im Freien grillen, können Sie die Knollen in Alufolie wickeln und in der Glut vor sich hingaren lassen. Es ist die gesündeste, einfachste und stimmungsvollste Art, Kartoffeln zu garen.

Im Handel sind ungefähr 130 Kartoffelsorten zu erhalten. Sie alle zu kennen ist nicht notwendig. Wichtig ist aber, zwischen festkochenden und mehligen zu unterscheiden.

Die Kartoffel, Mitbringsel der spanischen Eroberer aus Lateinamerika, hielt ihren Siegeszug in Mitteleuropa erst im 18. Jahrhundert. Friedrich der Große erließ ein Dekret, in dem die Bauern dazu gezwungen wurden, Kartoffeln auf ihren Feldern anzubauen.

Grillkartoffeln

Für 4 Personen

Zutaten
- 1 kg Kartoffeln, mehligkochend (möglichst gleich groß)

Zeit: 1 Std. 10 Min.

1 Die Kartoffeln gut bürsten, mit einer Gabel rundherum einstechen, damit sie nicht platzen.
2 Kartoffeln in die eher schwache Glut legen, völlig zudecken.
3 Nach ca. 1 Stunde herausnehmen, abreiben und die Kartoffeln je nach Geschmack mit Butter, Kräutersalz oder als Beilage servieren.

Unser Tip Wer den Geschmack von Rosmarin, Thymian oder Oregano mag, kann die Kartoffeln mit einem Kräuterzweiglein in Folie packen.

Gegrillte Fächerkartoffeln

Für 4 Personen

Zutaten
- 8 mittelgroße, längliche Kartoffeln
- Räuchersalz
- 50 g Lindenberger, gerieben
- 200 g Räuchertofu
- 4 EL Butter

Zutaten Variation
- Kümmel, grobes Salz und Öl

Zeit: 1 Std. 15 Min.

1 Die Kartoffeln schälen.
2 Der Länge nach im Abstand von 1 cm 3 Schlitze schneiden und kleine Dreiecke ausschneiden. (Am unteren Ende sollten die Kartoffeln gerade noch zusammenhalten.)
3 Die Fächer mit Räuchersalz bestäuben.
4 Etwas geriebenen Käse in die Schlitze geben.
5 Räuchertofu in Streifen schneiden und die Fächer damit füllen.
6 Alufolie mit Öl bepinseln und die Kartoffeln fest verpacken.
7 Auf dem Rost bei öfterem Wenden ca. 60 Minuten grillen oder in die schwach glimmende Glut legen.
8 Nach dem Öffnen auf jede Kartoffel etwas Butter geben und servieren.

Variation Kümmelkartoffeln

1 Kartoffeln sehr gut bürsten und halbieren.
2 Kümmel und grobes Salz auf einem Teller mischen.
3 Die Schnittfläche der Kartoffeln darin eintauchen.
4 Kartoffeln in geölter Alufolie 40 Minuten auf dem Rost grillen.

Kartoffeln mit Pilzen und Käse

Pilzkartoffeln

Für 4 Personen

Zutaten
- 8 große Kartoffeln
- 1 Zweig Rosmarin
- Kräutersalz

Füllung
- 1 Schalotte
- 600 g braune Champignons (Egerlinge)
- 1 EL Butter
- 1/4 TL Kümmel, gemahlen
- Salz, Pfeffer
- 1 Bund Petersilie
- 2 EL Crème fraîche

Zeit: 50 Min.

1 Kartoffeln bürsten, halbieren und mit einem Teelöffel einige Zentimeter tief aushöhlen.
2 Die Rosmarinblätter darauf verteilen, mit Kräutersalz bestäuben.
3 Die Kartoffeln in beölte Alufolie wickeln und mit der Öffnung nach oben in die schwache Glut setzen, 40 Minuten garen.

Füllung
1 Schalotte schälen und klein würfeln, Champignons säubern und blättrig schneiden.
2 Butter in einer Pfanne schmelzen lassen, Zwiebeln mit Kümmel glasig dünsten. Champignons zugeben und schmoren lassen, bis alle Feuchtigkeit verdampft ist.
3 Die Masse salzen und pfeffern.
4 Petersilie waschen, kleinhacken und zugeben.
5 Crème fraîche zufügen.
6 Die gegarten Kartoffeln auspacken, die Rosmarinblätter entfernen.
7 Die Füllung gleichmäßig verteilen und servieren.

Unser Tip Die Füllung am besten am Vortag zubereiten, rasch abkühlen und kühl stellen.

Roquefortkartoffeln

Für 4 Personen

Zutaten
- 8 große Kartoffeln
- 1 Zweig Thymian
- Salz

Füllung
- 100 g Roquefort, mild
- 4 EL Butter
- Pfeffer

Zeit: 40 Min.

1 Kartoffeln bürsten, halbieren, einige Zentimeter tief aushöhlen.
2 Die Thymianblätter darauf verteilen, mit Salz bestäuben.
3 Die Kartoffeln in beölte Alufolie wickeln.
4 Mit der Öffnung nach oben in die schwache Glut setzen, 30 Minuten garen, wenden und weitere 10 Minuten grillen.

Füllung
1 Roquefort mit der Gabel zerdrücken, die weiche Butter zufügen und gut verrühren.
2 Die Masse mit Pfeffer abschmecken.
3 Die gegarten Kartoffeln auspacken, die Füllung gleichmäßig verteilen und servieren.
Dazu schmeckt Weißbrot.

Köstliche vegetarische Grillrezepte

Für 4 Personen

Zutaten
- Salz
- Kümmel
- 12 kleine Kartoffeln
- 1 Bund Petersilie
- 1 Schalotte
- 1 EL Butter
- weißer Pfeffer
- Olivenöl
- 12 dünne Scheiben geräucherter Tofu
- 12 Scheiben Gouda
- 40 g Kräuterbutter

Zeit: 40 Min.

Käse-Tofu-Kartoffeln

1 Wasser mit Salz und Kümmel zum Kochen bringen.
2 Die Kartoffeln zugeben, 15 Minuten kochen, schälen.
3 Petersilie kleinhacken.
4 Zwiebel kleinschneiden.
5 Butter in einer Pfanne erhitzen, die Zwiebeln goldgelb rösten, pfeffern.
6 Pfanne zur Seite stellen und die Petersilie untermischen.
7 Für jede Kartoffel Alufolie zurechtschneiden und einölen.
8 Die Kartoffeln quer durchschneiden.
9 Die Mischung auf die halbierten Kartoffeln verteilen.
10 Je eine Scheibe Tofu und eine Scheibe Käse darauf legen und die Kartoffeln wieder zusammensetzen.
11 Die Folie fest verschließen.
12 Auf den Grillrost legen, 20 Minuten braten.
13 Vor dem Servieren Kräuterbutter darüber geben.

Kartoffeltaler

Für 4 Personen

Zutaten
- 8 mittelgroße Kartoffeln
- Salz
- 2 Lorbeerblätter
- 1 Knoblauchzehe
- 3 EL Olivenöl
- 1 TL Paprikapulver, mild
- 2 Msp. Cayennepfeffer
- 1 EL Majoran, getrocknet
- 1 EL Thymian

Zeit: 20 Min.

1 Kartoffeln bürsten.
2 Salzwasser mit den Lorbeerblättern zum Kochen bringen, Kartoffeln zugeben und 10 Minuten köcheln lassen.
3 Inzwischen die Knoblauchzehe durch die Knoblauchpresse drücken, mit dem Öl, Paprikapulver, Cayennepfeffer, Majoran und Thymian verrühren.
4 Kartoffeln abgießen, schälen und in 1,5 cm dicke Scheiben schneiden.
5 Jeweils 2–3 Kartoffelscheiben mit der flachen Seite aufspießen und großzügig mit der Marinade bestreichen.
6 Die Kartoffeltaler auf dem Rost etwa 10 Minuten knusprig braten.

Variante: Für die mexikanische Grillparty: Kleine Süßkartoffeln statt Kartoffeln verwenden, nur 5 Minuten kochen, zum Schluß 1 Bund frischen Koriander, fein gehackt, darüber streuen. Dazu Chili con Tofu servieren.

Gefüllte Kartoffeln

Folienkartoffeln mit Spinat

1 Kartoffeln bürsten, in Salzwasser nicht zu weich garen.
2 Inzwischen Spinat und Liebstöckelzweig waschen und trockenschleudern.
3 Blanchieren und gut ausdrücken.
4 Zwiebel und Knoblauchzehe fein hacken.
5 Butter oder Öl in einer Pfanne erhitzen, Muskatnuß, Zwiebeln und Knoblauch darin glasig rösten.
6 Spinat und Liebstöckel kleinhacken, kurz mit anschmoren und mit Gemüsebrühe würzen.
7 Kartoffeln einzeln in beölter Alufolie verpacken; auf jeder Seite 5–8 Minuten grillen.
8 Folie öffnen, mit einem spitzen Messer die Schale einritzen.
9 Die Kartoffeln längsseitig öffnen und mit der Spinatmasse füllen. Mit Kräuterbutter servieren.

Für 4 Personen

Zutaten
- 8 große Kartoffeln
- Salz

Füllung
- 1 kg Blattspinat
- 1 Zweig Liebstöckel
- 1 EL Butter oder 1 EL Olivenöl
- 1 Zwiebel
- 1 Knoblauchzehe
- 1/2 TL Muskatnuß, gerieben
- 1 TL Gemüsebrühe, gekörnt
- 40 g Kräuterbutter

Zeit: 40 Min.

Variante
Sauerrahmfüllung
- 400 g saure Sahne
- 1 Bund Schnittlauch, kleingeschnitten
- 1 TL Kräutersalz
- 50 g Kresse

Alle Zutaten zusammenmischen und die Kartoffeln damit füllen.

Puštacreme
- 1 Becher Frischrahmkäse
- 1/2 grüne Paprikaschote
- 1/2 rote Paprikaschote
- 1 TL Ajvar (Paprikapaste)
- 1 EL grüner Pfeffer

Paprikaschoten säubern und kleinschneiden. Alle Zutaten miteinander gut verrühren.

Kartoffelspieße

1 Kartoffeln gut bürsten, 10 Minuten kochen, abgießen und erkalten lassen, halbieren.
2 Je 3 Kartoffelhälften abwechselnd mit jeweils 2 Salbeiblättern auf einen Spieß stecken.
3 Mit Kräuteröl einpinseln.
4 Auf dem Rost fertiggrillen.
5 Vor dem Servieren mit Salz bestreuen.

Für 4 Personen

Zutaten
- 12 kleine Kartoffeln
- 8 Salbeiblätter
- Kräuteröl
- Salz

Zeit: 20 Min.

Köstliche vegetarische Grillrezepte

Für 4 Personen

Zutaten
- 8 große, längliche Kartoffeln
- 8 Salbeiblätter
- 1 Zweig Rosmarin, Thymian
- Öl

Belag
- 2 EL süße Sahne
- 2 EL Crème fraîche
- 1 TL Kräutersalz
- 2 Msp. Muskatnuß
- 2 Msp. Pfeffer, weiß
- 1/4 TL Paprikapulver, mild
- 1/4 TL Cenovis, flüssig
- 150 g Räuchertofu
- 8 weiße Trüffeln (ersatzweise Shiitake-Pilze)

Zeit: 1 Std. 10 Min.

Gourmetkartoffeln

1 Kartoffeln bürsten, in beölter Alufolie mit den Kräutern gut verpacken.
2 50 Minuten grillen, etwas abkühlen lassen.
3 Auspacken, der Länge nach eine Kappe abschneiden und die Kartoffeln bis auf einen kleinen Rand aushöhlen.
4 Das Ausgehöhlte mit einer Gabel zerdrücken, salzen, Gewürze, Sahne und Crème fraiche zufügen und mischen.
5 Den Räuchertofu sehr klein würfeln, zugeben und gut vermischen.
6 Die Masse in die ausgehöhlten Kartoffeln geben.
7 Die Folie noch einmal schließen und weitere 10 Minuten grillen. Trüffeln säubern, in dünne Scheibchen schneiden.
8 Vor dem Servieren auf den gefüllten Kartoffeln verteilen.

Unser Tip Sollten Sie statt Trüffeln Shiitake-Pilze verwenden, diese vorher kurz braten und würzen.

Für 4 Personen

Zutaten
- 12 kleine Kartoffeln
- 2 Schalotten
- 8 Nelken, ganz
- 2 Knoblauchzehen
- 3/4 l Gemüsebrühe
- 1/4 l Obstessig
- 10 Wacholderbeeren, zerdrückt
- 5 Pimentkörner
- 5 Pfefferkörner, rot
- 2 Lorbeerblätter
- 1 Zweig Thymian

Zeit: 50 Min.

Landhauskartoffeln

1 Kartoffeln bürsten, mit einer spitzen Gabel rundherum einstechen.
2 Zwiebeln ungeschält vierteln, die Nelken in die Zwiebeln stecken.
3 Knoblauch in dicke Scheiben schneiden.
4 Die Gemüsebrühe mit allen Zutaten zum Kochen bringen, die Kartoffeln zugeben und 30 Minuten köcheln lassen. (Die Kartoffeln müssen mit der Flüssigkeit bedeckt sein, wenn nötig, Wasser und Essig zufügen.)
5 Die Kartoffeln in der Marinade 12 Stunden ziehen lassen.
6 Zum Grillen die Kartoffeln aus der Marinade nehmen, abtupfen.
7 Alufolie zurechtschneiden, mit Öl bepinseln, die Kartoffeln gut verpacken.
8 Etwa 10 Minuten grillen.
Dazu paßt Kräuterquark oder auch Bratlinge.

Brote vom Grill

Brot hat eine lange Tradition: Schon im alten Ägypten war der Beruf des Bäckers bekannt. Seit dem 9. Jahrhundert ist er ein selbständiges Gewerbe.

Knusperbrote, Toasts und Getreideprodukte vom Grill

Der Mensch lebt nicht (gern) vom Brot allein – aber wenn das Brot gegrillt und auch nicht allein serviert wird, ist es eine Köstlichkeit!

Die Grundsubstanzen eines jeden Brotes sind Getreidemehl oder -schrot, Wasser und Salz. Die unterschiedlichen Verfahren zur Lockerung von Brotlaiben erreicht man durch das Zufügen von Gärmitteln wie Sauerteig oder Hefe oder durch Treibmittel wie Backpulver.

Sie werden feststellen, wie einfach es ist, aus scheinbar »langweiligem« Brot unglaublich köstliche Überraschungen zu kreieren, dank Grill und verschiedenen würzenden Zutaten wie beispielsweise frischen Kräutern und diversen Ölen.

Sei es Pitabrot, Baguette, Tortillas oder Chapatis – die folgenden Rezepte beweisen Ihnen, mit wie wenig Aufwand diese Brotsorten aufgepeppt werden können. Reichen Sie verschiedene Dips, Saucen und/oder gegrilltes Gemüse dazu.

Zu einer Hauptursache chronischer Darmbeschwerden gehört eine falsche Ernährung. Ballaststoffe, die in Getreide enthalten sind, helfen, einen trägen Darm wieder auf Trab zu bringen.

Köstliche vegetarische Grillrezepte

Kräuterbaguette

Für 4 Personen

Zutaten
- 1 Schalotte
- 250 g Butter
- 1 Bund Basilikum
- 1 Bund Petersilie
- 1 Zweig Zitronenmelisse
- 1 Zweig Dill
- Salz, schwarzer Pfeffer
- Zitronensaft
- 2 Baguettes

Zeit: 30 Min.

1 Schalotte schälen und sehr fein würfeln.
2 Weiche Butter in eine Schüssel geben und schaumig rühren.
3 Kräuter waschen, trocknen, sehr klein hacken und zur Butter geben.
4 Zitronensaft, Gewürze und Zwiebeln zufügen und kräftig verrühren.
5 Die Brote schräg in Scheiben schneiden, die Scheiben so zusammen liegenlassen, daß man sie nachher wieder zusammenschieben kann.
6 Kräuterbutter auf die Brotscheiben verteilen, verstreichen und die Schnitten wieder zusammensetzen.
7 In Alufolie einwickeln und 5–10 Minuten grillen.

Gefülltes Pitabrot

Für 4 Personen

Zutaten
- für 4 Pitabrote

Füllung
- 1 große Dose Kichererbsen
- 2 EL Tahin (Sesammus)
- 2 EL Olivenöl
- 1 TL Salz
- 3 EL Zitronensaft
- 8 Pitabrote
- 4 milde eingelegte Peperoni
- frischer Koriander oder glatte Petersilie

Zeit: 15 Min.

1 Kichererbsen abseihen und in den Mixer geben.
2 Tahin, Olivenöl, Salz und Zitronensaft zufügen und alles gut pürieren.
3 Die Pitabrote auf dem eingeölten Rost kurz aufbacken und halbieren.
4 Kichererbsenbrei (Hummus) in die Öffnung füllen.
5 Mit Kräutern und Peperoni verzieren.

Füllungen für Baguettes und Pitabrote

1 Eisbergsalat, Tomatenscheiben, Frühlingszwiebel
2 Gurkenscheiben
3 Bratlinge mit Mayonnaise und Oliven
4 Butter, Kartoffel- und Tomatenscheiben
5 Rote und grüne Paprikastreifen, Avocadoscheiben und zerkleinerter Mozzarellakäse
6 Weißkraut- und Möhrenraspel mit Mayonnaise vermischt
7 Kräuterbutter, geriebener Käse, Kräuter und Kapern
8 Auberginenscheiben, in Öl gebraten
9 Marinierte Artischocken oder Zucchini
10 Frischkäse mit Kresse

Knoblauch-Käse-Baguette

1 In das Brot im Abstand von 2 cm Fächer fast bis zum Boden einschneiden. (Nicht durchschneiden!)
2 Knoblauchzehen schälen und durch die Presse drücken.
3 Butter in einer Schüssel verrühren.
4 Knoblauch, Salz und Pfeffer zufügen und gut vermischen.
5 Die Knoblauchbutter in die Einschnitte streichen. Den Käse in die eingeschnittenen Fächer füllen.
6 In Alufolie wickeln und ca. 10 Minuten grillen.

Für 4 Personen

Zutaten
- 1 Baguette
- 3 Knoblauchzehen
- 125 g Butter
- Salz
- Pfeffer
- 125 g geriebener Käse

Zeit: 15 Min.

Tortillas

1 Weizen- und Maismehl mit dem Salz in einer Schüssel vermengen.
2 Das Wasser langsam zugießen, dabei mit dem Knethaken eines Handrührgerätes ständig rühren.
3 Den Teig aus der Schüssel nehmen und auf bemehlter Fläche mit den Händen durchkneten; so viel Maismehl zufügen, bis er nicht mehr kleben bleibt.
4 Den Teig zu einer ca. 5 cm dicken Stange formen.
5 12 Portionen schneiden und diese zu Kugeln formen.
6 Auf bemehlter Fläche zu Fladen von 15 cm Durchmesser ausrollen.
7 Ein ungefettetes Blech auf den Grillrost legen, heiß werden lassen.
8 Die Tortillas bei öfterem Wenden knusprig ausbacken.
9 Dabei mit einem Pfannenheber auf die entstehenden Blasen drücken, damit die Luft entweichen kann und die Tortillas gleichmäßig backen.

Unser Tip Tortillas sind spanische Omlette, die mit den unterschiedlichsten Zutaten zubereitet und serviert werden. In der traditionellen mexikanischen Küche werden sie aus Maismehl hergestellt und mit Bohnenpaste gefüllt.

Für 4 Personen

Zutaten
- 125 g Weizenmehl Type 1050
- 125 g Maismehl
- 1 TL Salz
- 200 ml lauwarmes Wasser

Zeit: 25 Min.

Gefüllte Tortillas

Für 4 Personen

Zutaten
- 8 Tomaten
- 1 Schalotte
- 1 Knoblauchzehe
- 1 Chilischote
- 2 EL Olivenöl
- 1/4 TL schwarzer Pfeffer
- 1 TL Gemüsebrühe, gekörnt
- 1 Bund Koriander oder Petersilie
- 200 g Schafskäse
- 1 Avocado
- 8 EL Crème fraîche

Zeit: 15 Min.

1 Tomaten mit kochendem Wasser übergießen, Schale, Stielansatz und Kerne entfernen, klein würfeln.
2 Zwiebel, Knoblauchzehe und Chilischote putzen und mit dem Öl im Mixer pürieren.
3 Mit Pfeffer und Gemüsebrühe würzen.
4 Koriander- oder Petersilienblätter waschen und sehr klein hacken.
5 Alle Zutaten gut verrühren.
6 Schafskäse würfeln.
7 Die Sauce auf fertige Tortillas (s. Rezept S. 79) streichen, die Schafskäsewürfel darüber verteilen und die Tortillas zusammenfalten.
8 Avocado schälen, halbieren und in Scheiben schneiden.
9 Die Tortillas mit einem Klecks Crème fraîche und Avocadoscheiben servieren.

Chapatis (indische Fladenbrote)

Für 4 Personen

Zutaten
- 250 g Mehl Typ 1005
- 2 TL Ghee oder Öl
- ca. 150 ml Wasser
- 2 Msp. Salz

Zeit: 15 Min.

1 Das Mehl mit Ghee oder Öl, kaltem Wasser und Salz zu einem geschmeidigen Teig verkneten und 30 Minuten ruhenlassen.
2 Den Teig zu einer ca. 5 cm dicken Stange formen. Diese in 12 Portionen schneiden und diese zu Kugeln formen.
3 Den Teig auf einer bemehlten Fläche zu Fladen von ca. 12 cm Durchmesser ausrollen.
4 Ein ungefettetes Blech auf den Grillrost legen, heiß werden lassen.
5 Die Chapatis unter öfterem Wenden knusprig ausbacken.
6 Dabei mit einem Pfannenheber auf die entstehenden Blasen drücken, damit die Luft entweichen kann und die Chapatis gleichmäßig backen.

Unser Tip Chapatis schmecken gut zu allen Gemüsegerichten, insbesondere zu Hülsenfrüchten wie zum traditionellen indischen »Dal«.

Pitabrote maritim

1 Zwiebel in dünne Ringe schneiden, salzen, mit Öl beträufeln. 30 Minuten ziehen lassen.
2 Räuchertofu und Essiggurke in feine Streifen schneiden.
3 Die Noriblätter über dem Feuer rösten, bis sie sich kräuseln, nicht verkohlen lassen!
4 Pitabrote kurz aufbacken und halbieren.
5 Gegrillte Noriblätter zerbröseln und in die Pitahälften füllen.
6 Die dünnen Zwiebelringe mit etwas Öl, Räuchertofu- und Essiggurkenstreifen ebenfalls in die Brote geben.
7 Nochmals kurz auf den Rost legen und sofort sehr heiß servieren.

Für 4 Personen

Zutaten
- 1 große weiße Gemüsezwiebel
- Salz
- 3 EL Olivenöl
- 200 g Räuchertofu
- 1 Essiggurke
- 8 Noriblätter (eine Algenart)
- 8 Pitabrote

Zeit: 20 Min.

Gefülltes Vollkornbrot

1 Die Weizenvollkornbrote quer durchschneiden und etwas aushöhlen.
2 Frühlingszwiebeln putzen, die weißen Teile klein würfeln, die grünen in dünne Röllchen schneiden.
3 Die Knoblauchzehen schälen und durch die Knoblauchpresse drücken, mit den Zwiebelwürfeln, 1/2 TL Salz und dem Öl vermischen.
4 Paprika- und Chilischote entkernen und in kleine Würfel schneiden.
5 Die Kidneybohnen abseihen, kurz mit kaltem Wasser abspülen und zerstampfen, Maggi oder Cenovis zugeben und verrühren.
6 Die Petersilie waschen, sehr klein hacken.
7 Sämtliche Zutaten gut miteinander vermischen, nach Geschmack Pfeffer und Salz zufügen und die Brote mit der Masse füllen.
8 Die Brote in Alufolie wickeln und auf dem Rost fertigbacken.

Für 4 Personen

Zutaten
- 2 Weizenvollkornbrote à 500 g
- 1 Bund Frühlingszwiebeln
- 2 Knoblauchzehen
- Salz, Pfeffer
- 4 EL Olivenöl
- 1 grüne Paprikaschote
- 1 rote Chilischote
- 1 große Dose Kidneybohnen, etwa 850 g
- 2 EL Maggi oder Cenovis, flüssig
- 1 Bund Petersilie

Zeit: 25 Min.

Unser Tip Gefülltes Vollkornbrot eignet sich als Snack zwischendurch oder als Ergänzung auf dem Partybuffet.

Köstliche vegetarische Grillrezepte

Für 4 Personen

Zutaten

- 1 Zwiebel
- 2 EL Olivenöl
- 1/4 l Milch
- 1/4 l Wasser
- 150 g Maismehl
- 1 TL Gemüsebrühe, gekörnt
- 1/4 TL Muskatpulver
- 1/4 TL Thymian
- 1/4 TL Majoran

Zeit: 20 Min.

Maisküchlein

1 Die Zwiebel schälen und sehr klein würfeln.
2 Öl in einem Topf erhitzen, die Zwiebelwürfel kurz anbraten, Milch und Wasser zugeben und zum Kochen bringen.
3 Das Maismehl einrieseln lassen, gekörnte Gemüsebrühe und Gewürze zufügen.
4 Einige Minuten kochen lassen, abschalten, zudecken und 20 Minuten ausquellen lassen.
5 Nach dem Abkühlen handtellergroße Küchlein formen.
6 Alufolie auf den Grill legen, einölen und die Maisküchlein auf jeder Seite in etwa 5 Minuten fertigbraten.

Pizzabrot

Für 4 Personen

Zutaten

- 250 g Weizen
- 250 g Mehl
- 1 P Trockenhefe
- 1 TL Salz
- 320 ml Wasser

Belag

- 8 Tomaten
- 4 Knoblauchzehen
- 4 EL Olivenöl
- Salz, Pfeffer
- 4 TL Oregano
- Öl für das Blech

Zeit: 1 Std. 30 Min.

1 Den Weizen fein mahlen.
2 Aus dem gemahlenen Weizen, Mehl, Hefe, Salz und lauwarmen Wasser einen nicht zu festen Hefeteig kneten, zugedeckt an einem warmen Platz aufgehen lassen – das dauert ungefähr 60 Minuten.
3 Den Teig auf einer bemehlten Fläche zu einer Rolle formen, in 4 Teile portionieren, diese zu einer Kugel formen und auf 20 cm Durchmesser ausrollen, erneut gehen lassen.
4 Inzwischen die Tomaten häuten, in Würfel schneiden und gleichmäßig über den Teig verteilen.
5 Den Knoblauch schälen und direkt mit der Knoblauchpresse auf die Tomatenwürfel auspressen, das Öl darüber träufeln und die Pizza mit Salz, Pfeffer und Oregano gleichmäßig würzen.
6 Ein Blech gut einölen, die belegten Pizzen darauf legen und auf dem Grill backen.

Unser Tip Pizzabrot eignet sich hervorragend als kleine Zwischenmahlzeit. Für den Belag bieten sich noch andere Variationen an. Sie können die Pizzen z. B. auch mit blanchierten Brokkoliröschen oder Thymianzweigen zusätzlich belegen.

Grillspaß für Kinder

Es gibt wohl kein Kind, das nicht gern mit dem Feuer spielt. Damit dieses Verhaltensmuster in den rechten Bahnen verlaufen kann, ist es ratsam, dem Raum zu geben – allerdings in geschützter Umgebung, mit wachen Augen und einem verständnisvollen Herzen.

Also ein Grillfest für Kinder. Es muß nicht unbedingt ein Geburtstag gefeiert werden, obwohl das auch keine schlechte Lösung ist, wenn das Fest gut geplant wird und genügend Helfer zur Verfügung stehen. Wenn überwiegend Kinder anwesend sind, empfiehlt es sich, den Holzkohlengrill in der Garage zu lassen. Er ist einfach zu gefährlich. Kinder mögen es, Reisig und Holz zu sammeln (keine Tannenzapfen ö. ä.!), einen Grill zu bauen und das Feuer selbst entzünden zu dürfen. Sollte das nicht möglich sein, kann man auf einen eingerichteten Grillplatz gehen. Oder man plant ein abenteuerliches Grillfest an einem steinigen Flußufer. Der Platz dafür sollte mit Umsicht ausgewählt werden.

Ideen für das Kinderfest

Für Rezepte, die Spaß machen und köstlich schmecken, ist auf den nächsten Seiten gesorgt. Natürlich finden Sie in den anderen Kapiteln auch Lieblingsgerichte Ihrer Kinder. Besonders die auf den letzten Seiten beschriebenen Rezepte und die Kartoffelgerichte eignen sich gut als Beilagen.

Falls Sie sich entschließen, Gluten, das vegetarische »Fleisch«, selbst herzustellen, beziehen Sie doch die Kinder mit ein. So wird es ein Erlebnis, das eine Menge Spaß macht und das die Kinder nicht so schnell vergessen werden! Übrigens, das auf diese Weise gesammelte Wissen über Nahrung und Natur wird Ihrem Kind Freude machen, ohne daß es das Gefühl hat, belehrt worden zu sein. Und nun: Viel Vergnügen beim Grillfest mit Kindern!

Das nachfolgende Rezept stellt ein Männchen, den Räuber Hotzenplotz, dar und eignet sich durch sein lustiges Outfit besonders gut für eine Kindergeburtstagsparty: Sie werden sehen, daß dieser Grillspaß für die Kinder sehr lustig ist, und sicher finden Sie noch mehr appetitanregende Kreationen!

Köstliche vegetarische Grillrezepte

Für 4 Personen

Zutaten
- 4 mittelgroße, runde Kartoffeln (Bauch)
- 1 große, dicke Möhre (Hut)
- 1 Maiskolben (Brust)
- 4 große Champignons (Hals und Kopf)
- 8 Zweige Rosmarin (2 cm)
- Salz
- Kräuteröl
- 8 Nelken, ganz

Zeit: 30 Min.

Räuber Hotzenplotz

1 Kartoffeln bürsten, 20 Minuten kochen, Möhren in 4 Stücke zu je 3 cm schneiden und 10 Minuten zusammen mit den Kartoffeln garen.

2 Vom Maiskolben Stielansatz und Spitze wegschneiden, die Blätter und Haare entfernen und den Kolben quer in 4 gleich große Teile portionieren.

3 Champignons säubern und die Stiele entfernen.

4 Die Möhren an einer Seite spitz zuschneiden, damit ein Hut entsteht; in diese die Rosmarinzweige stecken.

5 Die Gemüse wie folgt zusammenfügen: Für den Bauch die Kartoffel auf einen Spieß stecken, dann das Stück Maiskolben als Rumpf, den Pilz mit dem Stiel zum Mais zeigend, damit es Hals und Kopf ergibt, und als Hut die Karotte mit dem Rosmarinzweig aufsetzen.

6 Den Spieß mit Salz bestreuen, reichlich mit Kräuteröl einpinseln und grillen. Dabei öfters wenden!

7 Nach dem Garen in die Champignonköpfe jeweils 2 Nelken für die Augen stecken.

Diese spielerischen Zubereitungsarten helfen vielleicht dem kleinen Gemüsemuffel auf die Sprünge. Bei den Überraschungsspießen kann man in einem Spieß eine Haselnuß verstecken. Wer sie in seinem Spieß findet, bekommt ein Geschenk. Da vergißt manch einer, daß er eigentlich gar keine Zucchini mag, und es wird lustvoller und vor allem zügiger als sonst gegessen.

Gesunde Hamburger

Überraschungsspieße

Für 4 Personen

Zutaten
- 2 Zucchini à 300 g
- Olivenöl
- Salz, Pfeffer
- 500 g Mozzarella
- 1 Bund Basilikum
- 24 Cocktailtomaten
- 1 Haselnuß und 1 Überraschungsgeschenk

Zeit: 25–30 Min.

1 Die Zucchini waschen, die Enden kappen, dann mit der Brotschneidemaschine der Länge nach in 32 dünne Scheiben schneiden.
2 Die Zucchinischeiben auf beiden Seiten mit Olivenöl bepinseln, salzen und pfeffern.
3 Mozzarella ebenfalls in 32 Streifen schneiden, die jedoch etwas kürzer als die Zucchinischeiben breit sind.
4 Basilikum waschen, die Blätter abzupfen und auf die Zucchinischeiben verteilen.
5 Jeweils ein Mozzarellastück an einen Rand der Zucchinischeiben legen und aufrollen.
6 Abwechselnd Cocktailtomaten und die Zucchini auf Spieße stecken.
7 Die Haselnuß in eine der Rollen verstecken (möglichst am Ende des Spießes, sie darf weder zu sehen sein noch herausfallen!).
8 Alufolie auf den Grillrost legen und mit Öl einpinseln.
9 Die Spieße auf beiden Seiten 5 Minuten grillen.

Vollwerthamburger

Für 4 Personen

Zutaten
- 4 Bratlinge (s. Rezept S. 54)
- Mayonnaise (s. Rezept S. 88)
- 4 Vollkornbrötchen
- 4 große Salatblätter
- 1 Tomate
- Ketchup (s. Rezept S. 88)
- Zwiebelringe
- Essiggurkenscheiben
- Salz, Pfeffer

Zeit: 10 Min.

1 Bratlinge nach Rezept herstellen und auf dem Grillrost braten.
2 Vollkornbrötchen durchschneiden, die Hälften kurz auf den Rost legen und antoasten.
3 Dann den warmen Boden mit etwas Mayonnaise bestreichen.
4 Auf die Brötchenhälfte ein Salatblatt, den Bratling und eine Tomatenscheibe, Ketchup, einige Zwiebelringe und mehrere Essiggurkenscheiben geben.
5 Den Belag nach Geschmack noch mit Salz und Pfeffer würzen und den Deckel aufsetzen.

Unser Tip Den Vollwerthamburger kann man auch gut mit Alfalfa-, Kresse- oder Rettichkeimlingen belegen. Erwachsene bevorzugen manchmal schärfere Würze, z. B. Chilischoten.

Beanburger

Für 4 Personen

Zutaten
- 1 große Dose weiße Bohnen
- 1 kleine Dose Kidneybohnen
- 250 ml Tomaten, passiert
- 1 große Tasse Suppengemüse
- Pfeffer
- Gemüsebrühe, gekörnt
- Corn-flakes und/oder Semmelbrösel
- 1 Bund Petersilie
- Öl zum Braten

Zeit: 35 Min.

1 Bohnen abseihen, mit einem Kartoffelstampfer zerdrücken.
2 Passierte Tomaten und Suppengemüse in einem Topf 5 Minuten köcheln lassen. Bohnen zugeben, gut verrühren.
3 Mit Pfeffer und Gemüsebrühe abschmecken.
4 Corn-flakes zerbröseln; soviel zur Masse geben, bis sie sich gut formen läßt.
5 Petersilie waschen, kleinhacken und zugeben, gut verrühren.
6 Kleine ovale Bratlinge formen und grillen.

Unser Tip Vor dem Grillen in Sesam wenden.

Cheeseburger auf Toast

Für 4 Personen

Zutaten
- 4 Scheiben Toastbrot
- 8 EL Bratlingsmasse (s. Rezept S. 54)
- Öl
- 8 Lindenberger Scheibletten

Zeit: 15 Min.

1 Die Bratlingsmasse nach Anleitung vorbereiten.
2 Die Toastbrotscheiben auf einer Seite rösten.
3 Auf eine gut eingeölte Alufolie je 2 EL Bratlingsmasse in der Größe einer Toastscheibe verstreichen.
4 Jeweils eine Scheiblette darüber legen, Toastbrot mit der gerösteten Seite darauf legen, die Folie gut verschließen.
5 Die Cheeseburger auf beiden Seiten 5 Minuten grillen.
6 Dazu selbstgemachten Ketchup reichen.

Tofu-Bananen-Spieße

Für 4 Personen

Zutaten
- 300 g Tofu
- Salz, Pfeffer
- 4 Bananen

Zeit: 20 Min.

1 Den Tofu abtropfen lassen, in 2,5 x 2,5 cm große Würfel schneiden, über Nacht einfrieren.
2 Tofuwürfel auftauen, salzen und pfeffern.
3 Bananen in Stücke schneiden und abwechselnd mit dem Tofu auf Spieße stecken.
4 Auf beöltem Grillstein oder Rost von allen Seiten grillen.
5 Dazu paßt am besten Erdnußsauce (s. Rezept S. 91).

Würziges zum Eintauchen

Ketchup, Mayonnaise und Dips

Hier kommt das I-Tüpfelchen jeder Grillparty. Diese leckeren Beigaben erhöhen gleichermaßen den Nährwert und den Genuß. Für jede Geschmacksrichtung ist etwas dabei, und die Rezepte wollen ja in erster Linie Ihre Phantasie anregen. Fügen Sie also Ihre Lieblingsgewürze hinzu, oder entdecken Sie noch die ein oder andere Zutat, und kreieren Sie Ihre ganz persönlichen Saucen.

Grundrezepte: Tomatenketchup und Mayonnaise

Da sich die folgenden Rezepte in der Regel einige Zeit vorher zubereiten lassen, können Sie dem Grillfest gelassen entgegensehen. Im folgenden die beiden Grundrezepte.

1. Tomatenketchup

Bestimmte Grillgerichte sind ohne Ketchup schlichtweg undenkbar. Die versteckte Zuckerzufuhr der gekauften Sorten ist allerdings sehr hoch und läßt manchmal den Appetit auf Salat und Gemüse verschwinden. Es lohnt also, sich ein bißchen Zeit für die Zubereitung zu nehmen. Und wenn man's einmal gemacht hat, sieht man, daß es gar nicht so kompliziert ist, wie es klingen mag. Übrigens ist selbstgemachter Tomatenketchup ein gerngesehenes Mitbringsel zur Grillfete.

2. Mayonnaise

Laktovegetabile Ernährung bedeutet nicht, auf die wohlschmeckende Vielfalt der Mayonnaisen zu verzichten, die zu den Klassikern der kalten Saucen zählen und vielen Speisen erst den rechten Pfiff verleihen. Hier ein Basisrezept, das Sie zum Weiterexperimentieren anregen wird. Achten Sie darauf, daß Sie den Zitronensaft am besten mit Kondensmilch oder Crème fraîche binden – süße Sahne flockt aus.

Marinaden

Marinaden verleihen den Grillspezialitäten einen besonderen Pfiff. Dabei ist manchmal Mut, aber immer Phantasie gefragt, ob Sie auf bekannte Marinaden aus deutschen Landen zurückgreifen oder sich an ausgefallene fernöstliche Geschmacksrichtungen wagen. Zum Marinieren eignen sich Tofu, der kurz eingefroren wurde, Seitan oder Gluten, Vegaschnitzel, die 1–2 Tage in die Marinade eingelegt werden sollten, und Sojafleisch.

Generell besteht eine Marinade immer aus einem kaltgepreßten aromatischen Öl wie Erdnuß- oder Sesamöl, das mit Zutaten wie Tamari, Ingwer und Orangensaft z.B. eine würzige Orangen-Ingwermarinade ergibt. Hier sind der Phantasie keine Grenzen gesetzt.

Köstliche vegetarische Grillrezepte

Für 4 Personen

Zutaten

- 4 kg reife Tomaten
- 250 g Rosinen
- 2 Knoblauchzehen
- 2 süße Äpfel
- 1 Gemüsezwiebel
- 4 Nelken
- 200 ml Obstessig, mild
- 1 TL Salz
- 1/4 TL Muskatpulver
- 1/2 TL weißer Pfeffer
- Ahornsirup nach Geschmack

Zeit: 1 Std. 10 Min.

Tomatenketchup

1 Tomaten waschen, den Stielansatz entfernen und kleinschneiden.
2 Zwiebel mit Schale vierteln, je eine Nelke in die Zwiebel stecken.
3 Die Knoblauchzehen schälen und halbieren, Äpfel entkernen und vierteln.
4 Alle Zutaten zusammen mit den Rosinen ohne Wasserzugabe in einem Topf weich schmoren; die Masse durch ein Sieb streichen, Obstessig und Gewürze zufügen.
5 Alles in eine große Auflaufform oder Backpfanne geben.
6 Im Backofen bei 90 °C etwa 30 Minuten antrocknen lassen und weiter bei 50 °C so lange einköcheln lassen, bis die Masse dicklich wird. Immer wieder umrühren!
7 Ahornsirup nach Geschmack zufügen, den Tomatenketchup in vorgewärmte weithalsige Flaschen oder Schraubgläser füllen. Mit Deckeln verschließen, abkühlen lassen und im Kühlschrank aufbewahren.

Variationen

Der Tomatenketchup kann auch wahlweise mit 4 Zwiebeln oder 4 EL Curry oder 4 Chilischoten zubereitet werden.

Für 4 Personen

Zutaten

- 10 EL Kondensmilch, 10%ig
- 1 TL Senf, mittelscharf
- 1 Msp. weißer Pfeffer
- 1/2 TL Salz
- 2 TL Zitronensaft
- 15–20 EL Öl, kaltgepreßt

Zeit: 10 Min.

Grundrezept Mayonnaise

1 Kondensmilch und Öl einige Stunden kühlen.
2 Milch in ein hohes Schraubglas geben. Senf, Pfeffer, Salz zufügen und mit der Milch verrühren.
3 Die Hälfte des Öls darüber geben, Zitronensaft darüber träufeln, gut durchrühren.
4 Restliches Öl tropfenweise zugeben, bis eine feste Masse entsteht.

Unser Tip Mit dem Mixstab wird diese Mayonnaise besonders »standfest«.

Erfrischende Dips

Avocadodip

Für 4 Personen

Zutaten
- 2 Tomaten
- 1 Schalotte
- 1 rote Chilischote
- 2 reife Avocados
- 1 Limone
- 1 Bund Koriander oder glatte Petersilie
- Kräutersalz, Pfeffer

Zeit: 10 Min.

1 Tomaten häuten, entkernen und in kleine Würfel schneiden.
2 Schalotte schälen und kleinhacken.
3 Von der Chilischote einige Ringe abschneiden, zum Verzieren aufheben.
4 Die restliche Schote der Länge nach aufschneiden, entkernen, waschen und in sehr kleine Würfel schneiden.
5 Die Avocados längs halbieren, den Kern entfernen und das Fruchtfleisch mit einem Löffel ausstechen.
6 Limone auspressen, zu den Avocados geben und mixen.
7 Koriander oder Petersilie waschen (einige Blättchen zum Verzieren aufheben), den Rest sehr klein hacken.
8 Alle Zutaten zerrühren und mit Kräutersalz und Pfeffer abschmecken.

Pistaziendip

Für 4 Personen

Zutaten
- 4 EL Pistazienkerne
- 125 ml Sahne
- Pfeffer, Salz

Zeit: 5 Min.

1 Die Pistazien im Mörser zerstoßen oder in einem Mixer kleinhacken. Die Sahne steif schlagen.
2 Die zerhackten Pistazien vorsichtig unter die Sahne mischen und mit Pfeffer und Salz abschmecken.

Tomaten-Paprika-Dip

Für 4 Personen

Zutaten
- 3 Tomaten
- 200 ml Sahne
- 2 kleine Paprikaschoten
- Salz, Zucker
- Muskatpulver
- 1 EL Petersilie, gehackt
- 4 gefüllte Oliven

Zeit: 10 Min.

1 Tomaten häuten und die Kerne entfernen.
2 Die Paprikaschoten waschen, entkernen, in Stücke schneiden und zusammen mit den Tomaten zu einem Mus pürieren.
3 Die Sahne steif schlagen und zusammen mit den pürierten Tomaten unter das Tomaten-Paprika-Mus heben. Mit Salz, Zucker und Muskat abschmecken.
4 Den Paprikadip in Cocktailgläser füllen, die gehackte Petersilie darüber streuen und mit je einer Olive verzieren.

Saucen

Die folgenden Saucenrezepte eignen sich zu allen gegrillten Tofu-, Seitan- oder Glutengerichten. Sollten diese vorher in einer Marinade gelegen haben, kann die Marinade mitverwendet werden. Das unterstreicht noch die jeweilige Geschmacksrichtung. Die Gewürze und Fettzugaben müßten dann jedoch mit einkalkuliert werden. Das gilt auch, wenn die Saucen aus dem Kochsud von Gluten oder Vegaschnitzeln hergestellt werden. Beachten Sie jedoch den Eigengeschmack des Suds, er verträgt sich nicht mit jeder Sauce.

Meerrettichsauce

Für 4 Personen

Zutaten
- 2 EL Butter
- 3 EL Reismehl
- 1/2 l Wasser
- 1 TL Gemüsebrühe, gekörnt
- 1 Msp. weißer Pfeffer
- 1 Msp. Muskatpulver
- 100 ml Sahne
- Zitronensaft
- 3 TL Meerrettich, gerieben

Zeit: 10 Min.

1 Butter schmelzen lassen, das Mehl zugeben und mit einem Schneebesen gut verrühren.
2 Nach und nach das Wasser in kleinen Mengen unter ständigem Rühren zugeben und aufkochen lassen.
3 Mit Gemüsebrühe, Pfeffer und Muskat würzen und abschmecken und nochmals aufkochen lassen.
4 Sahne, Zitronensaft sowie Meerrettich zugeben und ebenfalls unter ständigem Rühren bei niedriger Hitze gut miteinander vermengen.

Kokossauce

Für 4 Personen

Zutaten
- 10 EL Kokosraspel
- 2 Tassen kochendes Wasser
- 1 EL Öl
- 3 EL Mehl
- 1/2 TL Gemüsebrühe, gekörnt
- 1/4 TL weißer Pfeffer

Zeit: 10 Min.

1 Kokosraspel in eine Schüssel geben. 2 Tassen kochendes Wasser darüber gießen und mindestens 1 Stunde stehenlassen, dann pürieren.
2 Öl erhitzen, das Mehl einrühren, mit etwas von der entstandenen Kokosmilch löschen. Unter ständigem Rühren das Kokoswasser zugeben und die Sauce zum Kochen bringen.
3 Gemüsebrühe zufügen, die restliche Kokosmilch zugießen und nochmals kurz aufkochen lassen und bei Bedarf mit dem Pfeffer würzen.

Pikante Saucen

Senfsauce

1 Die Margarine in einem Topf schmelzen lassen, das Mehl zugeben und mit einem Schneebesen einrühren.
2 Nach und nach, unter ständigem Rühren, das Wasser zugeben und kurz aufkochen lassen, bis eine sämige Sahne entstanden ist.
3 Mit der Gemüsebrühe würzen.
4 Den Senf einrühren.

Für 4 Personen

Zutaten
- 2 EL Margarine
- 2–3 EL Reismehl
- 1/2 l Wasser
- 1 TL Gemüsebrühe, gekörnt
- 2 EL Senf, mittelscharf

Zeit: 10 Min.

Kräutersauce

1 Das Wasser mit der Gemüsebrühe, Biobin und Muskat zum Kochen bringen, ungefähr 1 Minute köcheln lassen, dann beiseite stellen und etwas abkühlen lassen.
2 Kräuter, wie z. B. Petersilie, Basilikum, Zitronenmelisse, Liebstöckel, Kerbel, Dill, Sauerampfer, und Crème fraîche oder Öl mit der Sauce vermischen.
3 Mit etwas zurückbehaltenem Dill oder Petersilie verzieren.

Für 4 Personen

Zutaten
- 1/2 l Wasser
- 1 TL Gemüsebrühe, gekörnt
- 3 Meßlöffel Biobin
- 2 Msp. Muskatpulver
- 2 EL frische Kräuter, gehackt
- 1 Becher Crème fraîche oder Öl

Zeit: 15 Min.

Erdnußsauce

1 Mehl mit etwas Milch verrühren. Restliche Milch zum Kochen bringen, angerührtes Mehl zufügen und kurz aufkochen.
2 Erdnußbutter, Gemüsebrühe, Crème fraîche und die restliche Marinade zugeben, verquirlen (nicht mehr kochen lassen).

Unser Tip Erdnußsauce schmeckt gut zu jeder Art von gegrilltem Gemüse, aber auch ganz vorzüglich zu süß-sauren Getreidegerichten aller Art. Mit Erdnußsauce erhalten die Gerichte eine indonesische Note.

Für 4 Personen

Zutaten
- 1/4 l Milch
- 2 EL Mehl
- 3 EL Erdnußbutter
- 1/2 TL Gemüsebrühe gekörnt
- 1 EL Crème fraîche

Zeit: 10 Min.

Desserts vom Grill

Bratapfelromantik mitten im Sommer und Grillfeten im Winter. Die moderne Technik macht's möglich.

Früher gab es die dampfenden, nach Gemütlichkeit und Vorweihnachtszeit duftenden Bratäpfel, wenn der Ofen in der Küche oder der Kachelofen in der guten Stube sowieso eingeheizt war. Gegrillt wurde dagegen ausschließlich im Freien. Der Erfindung des Elektrogrills, der heißen Steine und der urigen Raclette verdanken wir den Genuß von Grillschmankerln das ganze Jahr über. Also nehmen wir unseren Grill und feiern die Feste eben so, wie sie fallen.

Eines haben die meisten Menschen gemeinsam: die Lust auf Süßes. Zwar enthalten Zucker und Honig nichts an brauchbaren Nährwerten – dafür schmeckt es und erfreut unseren Gaumen.

Raffiniert: Obst süß-sauer

Genießen wir die Bratäpfel und andere leckere Desserts vom Grill, wann immer wir Lust darauf haben. Es muß aber nicht nur ein Nachtisch aus dem gegrillten Obst werden. Freunde von süß-sauren Gerichten warten nicht bis zum Nachtisch, sondern servieren die köstlichen Obstgrilladen gleich zu Tofu oder Seitan.

Bratäpfel gehören zur deutschen Küche mit Tradition. In vielen Märchenbüchern werden sie als Mahlzeiten, gerade im Winter, genannt.

Apfelkreationen

Bratäpfel

Für 4 Personen

Zutaten
- 4 Äpfel (Boskop oder Delicious)
- 2 EL Preiselbeermarmelade

Zeit: 20 Min.

1 Die Äpfel gut waschen und das Kerngehäuse ausstechen, ohne dabei den Boden auszuschneiden.
2 Die Öffnung mit Preiselbeermarmelade füllen.
3 In Alufolie wickeln und 15 Minuten grillen.

Varianten

1 4 EL Rosinen und 4 EL gehackte Haselnüsse vermischen und die Öffnung damit füllen.
2 4 EL Butter oder Margarine mit 1 TL Zimt und 2 TL braunem Zucker verrühren, nach dem Grillen die Äpfel füllen.

Feinschmeckeräpfel

1 Äpfel schälen, das Kerngehäuse ausstechen und die Äpfel in Ringe schneiden.
2 Die Apfelringe mit Öl bepinseln und auf jeder Seite 5 Minuten grillen.
3 Inzwischen die Rosinen in einem feuerfesten Förmchen mit etwas Wasser auf den Rost stellen und einweichen oder in einem Raclettepfännchen erwärmen.
4 Die Apfelscheiben mit Honig überziehen und jeweils 3–4 Scheiben aufeinanderschichten.
5 Das Kernhausloch mit den Rosinen füllen und mit Zimtzucker bestreuen.
6 Die Feinschmeckeräpfel mit Schlagsahne servieren.

Varianten

1 Statt die Äpfel mit dem Zimtzuckergemisch und Rosinen zu füllen, eignen sich auch goldgelb geröstete Kokosraspel, die darüber gestreut werden.
2 Eine Creme aus Crème fraîche mit Zimt, Honig und einer Msp. Ingwer herstellen, die nach dem Grillen in die Öffnung gefüllt wird.
3 Weichen Nougat mit 4 EL gerösteten, gehackten Mandeln zu einer geschmeidigen Creme vermischen und die gegarten Apfelscheiben damit füllen.
4 Die Äpfel mit Marmelade füllen; dafür eignet sich besonders gut die leicht säuerliche Preiselbeermarmelade.

Für 4 Personen

Zutaten
- 4 Äpfel, säuerliche
- Öl
- 2 EL Rosinen
- Honig
- Zimtzucker
- 200 ml Schlagsahne

Zeit: 20 Min.

Desserts vom Grill

Für 4 Personen

Creme
- 4 EL Butter oder Margarine
- 1 EL Ahornsirup
- 2 EL Carob
- 4 Bananen
- 2 EL gehackte, geröstete Mandeln

Zeit: 15 Min.

Für 4 Personen 20.6.03

Zutaten
- Mandelblättchen
- Butter oder Margarine
- 4 große Pfirsiche
- Zitronensaft
- Ahornsirup

Zeit: 15 Min.

Erich noch 3Wo Pfi. gerings wieder da

Für 4 Personen

Zutaten
- 1 große Ananas
- Öl
- Ahornsirup

Zeit: 10 Min.

Gegrillte Bananen mit Carobcreme

1 Aus Butter, Ahornsirup und Carob eine Creme rühren, in eine Spritztülle füllen und bis zum Gebrauch kühlen. (Die Creme hält sich gut einige Tage.)
2 Die Bananen ungeschält auf dem Rost grillen, bis die Schale schwarz ist. Dann schälen und der Länge nach halbieren oder geschält und halbiert auf eingeölter Alufolie grillen.
3 Die fertigen Bananen in längliche Glasschalen legen, mit der Creme Tupfer darauf spritzen und mit den gehackten Mandeln bestreuen.

Gegrillte Pfirsiche *Usi gemacht*

1 Mandelblättchen mit etwas Butter oder Margarine in einer Pfanne rösten.
2 Pfirsiche 1 Minute in kochendes Wasser legen, abtrocknen.
3 Auf dem Rost grillen, bis die Haut Blasen wirft, gebräunt ist.
4 Die Haut von den Pfirsichen abziehen, die Früchte halbieren, den Stein entfernen.
5 Mit Zitronensaft beträufeln und mit Ahornsirup überziehen.
6 Die Mandelblättchen darüber geben und servieren.

super

Ananas vom Grill

Ein einfacher und schneller Nachtisch, der sehr gesund ist. Anstatt Ananas kann man auch geschälte und in Scheiben geschnittene Orangen oder Zitronen verwenden. Ohne Ahornsirup sind sie eine leckere Beilage zu Tofu oder Seitan.

1 Die Ananas schälen, in Scheiben schneiden und den holzigen Kern ausstechen.
2 Auf eingeöltem Rost grillen.
3 Zum Abschluß mit Ahornsirup übergießen und servieren.

Über die Autorin

Brigitta Klingel, Köchin und Erfinderin des geräucherten Tofus, beschäftigt sich schon seit vielen Jahren mit alternativen, vorallem fleischlosen, Ernährungsformen. Im Südwest Verlag erschienen von ihr die Ernährungsratgeber »Vegan-Küche« und »Gesunde Fleischgerichte vegetarisch«.

Literatur

Klingel, Brigitta: Exemplarisch Vegetarisch. Verlag SK-Publikationen. Hof/Saale 1995
Wirths, Prof. Dr. W.: Kleine Nährwert Tabelle der Deutschen Gesellschaft für Ernährung e.V.. Umschau Verlag. Stuttgart 1995
Danner, Helga: Die Naturküche: Vollwertkost ohne tierisches Eiweiß, Econ Verlag. Düsseldorf 1995
Meyer, Birgit u. Axel: ...zum Spaß vegetarisch. Taoasis Verlag. Lemgo 1985
Singh, Rajinder: Heilende Meditation. Urania Verlag. CH-Neuhausen/Rheinfall 1996

Produktnachweis

Die Rehburger Bratlingsmasse ist zu beziehen bei:
Bad Rehburger Tee- und Nahrungsmittelfabrik
Jörg Hiller, Alte Poststr. 4, 31547 Rehburg-Loccum
Tel.: 0 50 37/98 38 0, Fax: 0 50 37/98 38 1

Hinweis

Das vorliegende Buch ist sorgfältig erarbeitet worden. Dennoch erfolgen alle Angaben ohne Gewähr. Weder Autorin noch Verlag können für eventuelle Nachteile oder Schäden, die aus den im Buch gemachten praktischen Hinweisen resultieren, eine Haftung übernehmen.

Bildnachweis

AKG, Berlin: 4, 6; Diagentur Elke Stolt, Ahrensburg: 28 (Matthias Stolt); IFA, Taufkirchen: 12 (Weststock), 34 (Tschanz), 63 (BCI); Superbild, München: U4 (Eric Bach); Tony Stone, München: 1 (Christine Hanscomb), 19 (Philip & Karen Smith), 24, 47 (Christel Rosenfeld), 38 (Rainer Schiegelmich), 71 (Dietrich Rose), 77 (Hans Peter Merten); Ulrich Kerth, München: Titel, 48, 52, 56, 68, 84, 94

Impressum

© 1996 Südwest Verlag GmbH & Co. KG, München
Alle Rechte vorbehalten. Nachdruck – auch auszugsweise – nur mit Genehmigung des Verlages.

Redaktion: Andrea-Anna Cavelius, Cornelia Kläger
Projektleitung: Stephanie Wenzel
Redaktionsleitung: Josef K. Pöllath
Bildredaktion: Bettina Huber
Produktion: Manfred Metzger
Umschlag und Layout: Till Eiden
Satz/DTP: Klaus Lutsch
Druck: Color-Offset, München
Bindung: R. Oldenbourg, München
Printed in Germany

Gedruckt auf chlor- und säurearmem Papier
ISBN 3-517-01860-0

Rezeptregister

Ananas vom Grill 94
Artischockenböden mit Pilzfüllung 69
Artischockenraclette 59
Auberginenrollen mit Spinat 65
Avocadodip
Bananen, gegrillte, mit Carobcreme 94
Beanburger 86
Bratäpfel 93
Camembert in Roggenkruste 61
Champignons, gefüllte 61
Champignonraclette 59
Chapatis 80
Cheeseburger auf Toast 86
Desserts 92ff.
Dips 87ff.
Erdnußsauce 91
Fächerkartoffeln, gegrillte 72
Feinschmeckeräpfel 93
Folienkartoffeln mit Spinat 75
Frühlingsrolle mit Shiitake 70
Gemüsegrillteller 64
Getreidebratlingsmasse 53
Gluten 29f. 49
Gourmetkartoffeln 76
Grillkartoffeln 72
Grilltomaten mit Kräutern 62
Grillzwiebeln, gefüllt 66
Grünkernbratlinge 68
Hamburger Raclette mit Ananas 57
Käse-Tofu-Kartoffeln 74
Kartoffeln 72ff.
Kartoffelspieße 75
Kartofffeltaler 74
Knoblauch-Käse-Baguette 79
Kohlrouladen 70
Kokossauce
Kräuterbaguette 78
Kräutersauce 91
Landhauskartoffeln 76
Maisküchlein 82
Marinaden 87
Mayonnaise 88
Meerrettichsauce 90
Möhrenmedaillons 67
Paneer 60
Pfirsiche, gegrillte 94
Pilzkartoffeln 73
Pilz-Gemüse-Spieße 67
Pistaziendip 849
Pitabrot, gefülltes 78
Pitabrote, maritim 81
Pizzabrot 82
Raclette 56
Raclette maritim 58
Räuber Hotzenplotz 84
Räuchertofu, marinierter 54
Ratatiulleraclette 58
Roquefortkartoffeln 73
Rouladenspieße 53
Schmorgurken, gefüllt 69
Senfsauce 91
Sojabratlinge 54
Spieße, bunte 51
Steckrüben mit Maronenpüree 66
Tofu-Bananen-Spieße 86
Tofurraclette 57
Tomaten mit Brokkoli 64
Tomatenketchup 88
Tomaten-Paprika-Dip 89
Tortillas 79, gefüllte 80
Überraschungsspieße 85
Vega-Cordon-bleu 50
Vegarollen, gefüllte 50
Vegabraten 52
Vegetarische Schnitzel 49
Vollkornbrot, gefülltes 81
Vollwerthamburger 85
Zitronengrasspieße, thailändische 51
Zucchini, gefüllte 62
Zucchini-Cordon-bleu 60
Zucchiniblüten, gefüllte 65

Register

Algen 32
Ananas 44
Artischocken 33
Auberginen 33
Avocado 34
Brokkoli 34f.
Brombeeren 44
Brot 77
Eiweiß 8, 25
Erdbeeren 44f.
Fenchel 35
Fette 8, 39ff.
Fleisch 4ff.
Gemüse 7f., 11, 31ff., 63
Gerste 26
Getreide 7f., 11, 24
Gluten 29f., 49
Grillfest für Kinder 83
Grillrequisiten 14f.
Grills 12ff., 19ff.
Himbeeren 45
Honigmelone 45f.
Johannisbeeren 46
Karotten 35
Kartoffeln 36, 71
Kohlenhydrate 8, 24
Milch- und Käseprodukte 8, 40f.
Mineralstoffe 8, 24, 31
Obst 8, 11, 43ff., 92ff.
Papaya 46
Paprikaschoten 36
Pilze 36f.
Raclette 19, 22f., 43, 55
Räucher 16
Seitan 29f.
Spinat 37
Tofu 11, 17f., 30f.
Tomaten 37f.
Vitamine 8, 24, 31
Zitrone 47
Zwiebel 38